哈佛商学院的
社交宴会

HAFO SHANGXUEYUAN DE
SHEJIAO YANHUI

〔日〕儿玉教仁 著

邓一多◎译

ハーバード流
宴会術

北方妇女儿童出版社

长春

图书在版编目（CIP）数据

哈佛商学院的社交宴会／（日）儿玉教仁著；邓一多译. —长春：北方妇女儿童出版社，2015.1

书名原文：ハーバード流宴会術

ISBN 978-7-5385-8568-1

Ⅰ．①哈… Ⅱ．①儿… ②邓… Ⅲ．①心理交往－通俗读物 Ⅳ．①C912.1-49

中国版本图书馆CIP数据核字（2014）第190416号

HARVARD RYU ENKAIJUTSU World Enkai Standard by Norihito Kodama.

Copyright © 2012 Norihito Kodama All rights reserved. Original Japanese edition published by DAIWASHOBO CO.,LTD.

Simplified Chinese translation copyright © 2014 by Beijing Slow Culture Co.,Ltd.

This Simplified Chinese edition published by arrangement with DAIWASHOBO CO.,LTD., Tokyo, through HonnoKizuna, Inc., Tokyo, and Beijing Kareka Consultation Center.

版权合同登记号　图字：07-2014-4422

出 版 人　刘　刚
出版统筹　师晓晖
策　　划　慢半拍·马百岗
责任编辑　张晓峰
封面设计　蔡小波
开　　本　787mm×1092mm　1/16
印　　张　13.5
字　　数　212千字
印　　刷　北京盛华达印刷有限公司
版　　次　2015年1月第1版
印　　次　2015年1月第1次印刷

出　　版　北方妇女儿童出版社
发　　行　北方妇女儿童出版社
地　　址　长春市人民大街4646号
　　　　　邮　编：130021
电　　话　编辑部：0431-86037512
　　　　　发行科：0431-85640624

定　　价　39.80元

Part2 实 践 篇

序

·

你所不知道的哈佛社交宴会

　　位于美国东海岸波士顿的哈佛商学院，被誉为世界顶尖级的商学院。那里聚集着来自世界八十多个国家的学生，他们几乎都是各国领导的候选人。这些人不仅是学业上的英才，有的还是已崭露头角的商界精英，还有的原职业是运动员，也有特种部队出身的军人，更有一流的政治家……来自社会的各行各业。每年都有九百多名二十五岁到三十岁左右的精英聚集在哈佛，他们不仅在学业上很优秀，在其他方面也是热情澎湃。

　　而哈佛为他们准备的是"虎穴"般残酷的两年制课程。每年，成绩排在后几位的学生都将被无情地勒令退学。如此严格的规定，只为一个教学宗旨，那就是培育出**"影响世界、勇于革新的领导者"**。

没错，哈佛虽然被称作"商学院"，但是有意思的是它并非仅仅以培育"商界精英"为目的，而是一直以来都以培育"领导者"为教育目标。因此，这里的毕业生们一直活跃在世界的各个层面。

世界500强（美国《财富》杂志以公司的总收入为标准，评选出的前五百家公司）的企业经营者里，约一半来自哈佛商学院。以美国前总统小布什这样的政治家为首，还有许多在世界各行各业中活跃着的领导者们都毕业于此。

令人感到意外的是，这样一个一流的商学院，却也有**"派对学校"**之称，学校经常会举办各种活动及派对，因此，这里的学生们也都成为了宴会达人。

事实上，"派对"对于哈佛而言，是不可或缺的组成部分。在此学习的两年，几乎所有课程的教学方式都不是以讲义形式进行的，而是实行所谓的案例分析，也就是以现实中的"商业事例"为教材，进行讨论的特殊学习方法。对于这种学习方法来说，让学生之间进行彻底交谈的环境就变得必不可少了。必要情况下，让学生们将自己失败的事情和丢脸的经历以及难以述说的情怀，全部向同学们倾述。这种**"脱掉内心底裤"**般的交流空间是非常有效的。

为了让同学之间建立起这种以"无话不谈"为基础的信赖关

系，校方非常积极地、不分昼夜地举办各种活动和派对。学生们对此也积极响应，大家都是活跃在各行各业的实业家，因此他们明白，想要融入集体，最重要的不是空谈那些脱离实际的理论，也不是光鲜的外表，而是"人与人之间的信赖关系"。

尤其在全球化的环境中，人与人之间不同的不仅仅是肤色和眼球，还有母语、思想、以及构成价值观的社会共识。这些不同的个体如果想在一起共事并有所作为的话，至少要先相互建立起"信赖关系"。因此，人们深知，**彼此之间存在着"差异"，而要接受这些"差异"，就必须建立起一种"信赖"基础。**

对于学校举办的活动，他们不仅出席，并且积极地承担起准备工作。无论学业多么繁忙，哪怕是通宵熬夜，也一定要挤出时间出席"宴会"，并尽情地投入其中，借此建立起坚实可靠的关系。派对，也称"宴会"，作为一个不可或缺的重要文化，在哈佛商学院中起着不可替代的作用。

在这里学习期间，我体验到了惊人的变化。刚入学的时候，虽然很多学生原本已经是派对达人，但是不知道为什么，我开始注意到，大家"掌控宴会"的能力开始发生戏剧性的进化。

仔细想想，其实这也不足为奇。因为在宴会中我们应用了在哈佛商学院学习的领导思想，以及经营学中各种重要领域的知识，如战略论、市场营销、金融学、证券买卖、谈判技巧、组织论及技术革新等。接受严格教育的同学们通过宴会，以竞争般的形式将平时所学的内容付诸实践，大家的宴会技巧就是这样快速提升的。

　　所谓宴会，换个角度看也是个"迷你计划"。确立目标、制订计划、招揽客人、确保预算、准备各种物流，以及规避各式各样的风险。而且你必须具备一定的领导力，能够处理好现场众多的不确定因素。这个过程与处理商务项目的步骤完全相同，并且都需要在短时间内完成。总而言之，**如果想要准备一场顶级宴会，那么就必定会用到世界顶尖商学院所教授的知识。**

　　就我本身而言，我的改变是十分令人惊讶的。我原本是个沉默寡言、不善交谈的内向青年。对于宴会，我是尽可能地远离。再加上我不会喝酒，所以对这种酒会一向敬而远之。

　　但是，我所就职的那所综合商社，经常会有一些应酬和宴会。甚至，能够在那些场合中做到游刃有余，也成为了这个行业对职员的一种要求。因此，我意外地在那里接受到了彻底的锻炼。我通过一次宴会拜师于一位前辈（他恐怕是日本社交宴会的泰斗，人称"东京夜晚怪物君"），在他出色的教导下，通过七年不懈的努力，我终于成功转型，将社交宴会变成了自己的利器，不，应该说是变成了我自身的象征。

　　我认为，日本综合商社的社交宴会在世界当数第一，真诚的待客之心、精心的筹备，还有完美的操作，是任何一个国家和地区都无法超越的。

　　得益于众多前辈的指导，我在综合商社中成为了一名高级的专业宴会家。而且，因为我曾在美国的大学学习过，擅长与外国人交流，所以，即使在"国际型宴会"中代表日本出席也不会受到与会者的指指点点。可以说，我已经迅速地成为了一名"国际宴会专家"。

说实话，我从来没有想过自己的社交宴会在此之上还会有更大的飞跃，更别说在哈佛留学期间也能与宴会建立起直接的关联，这是我连做梦都没有想过的。但是，我必须承认，**"哈佛商学院教会了我关于掌控宴会最重要的事情"**。通过这些学习，此前我所掌握的那些宴会社交知识，就如拨云见日般变得更加系统化了。

以前，我总觉得将社交宴会系统地向人传授是一件很难的事情。社交宴会被公认为完全是种软技能，比起像传统技艺那样在教科书中学习，不如去亲身经历几次，在实践中观察、接触、慢慢地通过自身的感受去吸收。实际上我跟老师学习的方法正是OJT（On the Job Training），就是跟随他一起出席许多或公或私的宴会及联谊活动，偷艺般学习他的社交宴会。我就是这样看着天才的"背影"成长起来的，同样，我也以这种方式将自己的社交宴会做给后辈们看，让他们得以继承。对于我，甚至大多数的人来说，都认为社交宴会是一种隐性知识，将其系统化地整理和继承基本上是不可能的。

但是，我确实将至今在综合商社里代代相传的教导具体化，并创造性地将其改变成适合自己的社交宴会了。如今，这已成为"本能"，在无意识中进行的社交宴会，让我利用在哈佛学习的"经营学"，将其慢慢地整理、建立起体系，已经可以系统地向人们传授了。

而且，像"来宾的杯子空了的话，要马上为其斟酒"等，这些不容分说已被前辈灌输成"条件反射"的"理所当然的习惯"，在所谓的社交宴会这个大体系中究竟起着什么样的作用？当我们开始明白其中的真正道理，并将所有的东西都有机地联系起来时，社交宴会便第一次以理论的身份出现了。

我甚至感受到了社交宴会强大的力量。那是在我的社交宴会发生传奇性的进化，并得到了世界认可时所发生的事情。那年，我们一百四十名哈佛的同级生一起到日本进行实地考察。在那里的十天，几乎每晚都会举行宴会，我作为宴会部长，承担了宴会的全部计划及实行等责任。我们几个同级的日本主办者团结一致，用我们引以为荣的日式待客之心，每天都变换着不同的主题，让这一百四十名宴会达人在惊喜和炫目中达到了天堂般的愉悦，也使得日本"世界第一宴会故乡"的称号实至名归。

也是发生在那个时候的事情，当时我们作为表演节目为大家跳的"胡子舞"被一部分同学自发地模仿，他们结成队伍在夜晚的道路上一边跳着胡子舞一边缓慢前行，引得周围的出租车司机也都跟着跳了起来。虽然语言不通，但并不妨碍他们在一起共享这片刻的快乐时光。

我看着这个在白天可能互相连话都不会说的组合，感悟到一个道理：**宴会能够制造出即使互不交谈，也能让彼此心意相通的机会**。这让我感受到，宴会的力量不仅限于个人及商务，甚至在国家与民族之间，乃至更高的层面上，它都会发挥强大的作用。

我在哈佛学习经营学，并将所学应用在宴会上；我的社交宴会在与哈佛同学们的切磋中不断进化，甚至已经发展成为了一套体系；再加上我经常被企业委托培训员工，因此，我便总结出了这本《哈佛商学院的社交宴会》。

在写这本书时，我想强调的是，我本身原不善社交，又因为不能喝酒，所以对出席宴会感到很头疼。因此，我非常能理解那些勉强参加宴会的人的痛苦感。但是，以我的经验而谈，即使一向不喜欢参加宴会、疏远宴会的人，当他能够与宴会直面相对，并且积极地去站在主办宴会的那一方时，他将会发生彻底的改变。这本书如果能够成为一个契机，将你的世界观和人际关系变得更完美的话，我将感到不胜荣幸。

这本书里所阐述的社交宴会的实践方法，与工作也是相关联的。

描绘出一幅壮景（理想），将它放入你的计划中，并让周围的人一起来实行的领导能力。

通过策划宴会和节目，从零开始锻炼你的营销能力和创造能力。

掌控含有各种不确定因素的酒席，渡过这一阶段，锻炼你的实际操作能力。

以诚待人，无论和什么样的人都可以敞开心扉进行交谈的交流能力。

尤其是最后以诚待人的交流能力如果得到了提升，你会感到宴会仿佛一下子变成了自己的个人时间。这样，你所得到的不仅是来自许多人的善意，还有与更多的人心灵相通而建立起的深厚关系。这对于寻找恋人和结交新朋友应该都会有很大的帮助吧。通过宴会，不单单会提高你工作的基础能力，还会提升你的人格魅力。这点是毋庸置疑的。

有一千场宴会，就会有一千个不同的机会。但是，宴会真正的强大在于它甚至具有改变人命运的力量。

当人的内心感到急剧扩张的时候，你将会得到巨大的感动。例如，川端康成在《雪国》中的开头所描述的："穿过国境线狭长的隧道就是雪国了。"这表现了当穿过昏暗狭窄的隧道，眼前豁然呈现出无限宽广的空间时心里急剧扩张的情感。当你感到内心急剧扩张时，你的心会震撼，会得到巨大的感动。宴会也是如此，是宴会使那堆满压力和疲惫、在平时缩成一团的内心得以放松、得到感动。

人的内心在得到巨大感动的状态下，命运也会发生变化。所谓命运，也就是你所遇到的人或事改变了你的人生。就像罗密欧邂逅朱丽叶之后，两个人之前平静的人生都发生了彻底的改变，在宴会场上戏剧般的相遇以及发现知心人的另一面，这些事情都有可能很大地改变参加者的命运。

《哈佛商学院的社交宴会》所追求的理想宴会——**是能够让与会者们建立起新的信赖关系的幸运场所。**在有限的时间里，如

《北风与太阳》①中的"太阳"那般和善地脱掉与会者平日束缚着自己的"内心底裤"，让他们穿过情绪高涨的同伴们那内心深处的隧道，从而结成坚固的信赖关系。宴会就是这样一个能够创造出崭新命运的场合。

那个发挥"太阳"效果的人便是主办者。本书中的社交宴会，广泛地应用了以领导理论为代表的所有经营学理论和商务实践中的睿智。能够灵活运用一切可以利用的资源，为与会者们打造出一个可以建立信赖关系的环境，这样的"宴会主办者"会成为"真正的领导者"。

那么，接下来就为大家介绍能够使自己以及身边的朋友们变得更加幸福的社交宴会，请各位从今天起就来试一下吧。

---

①译者注：歌曲名。

Part 1

基　础　篇

01 搞懂社交宴会，你就是人际关系里的大赢家

最重要的内容要在文章的最开始来讲。人都是渴望为他人所知的。

史上最畅销书《人性的弱点》(How to Win Friends and Influence People) 的作者戴尔·卡耐基对人类行动原理及沟通技巧相当有研究。像他这样的知名学者们都很关注"人都是渴望为他人所知的"这个观点。

美国著名哲学家、教育家约翰·杜威认为："人无论何时何

地都想成为主角。"弗洛伊德说："人类的各种行动都来源于两种动机，就是性冲动和权利欲。"也就是说，人都渴望被他人重视，为他人所知。

举一个简单易懂的例子，"要想和××成为朋友，重要的不是要和××说什么，而是要成为××的听众"，也就是说，任何人都渴望有一个能够倾听自己心声的听众。

这个原理也被最大限度地运用于商务活动中。

比如在很多汽车电视广告中都有明星驾车的镜头。不过，为什么让对汽车知识一无所知的明星来做汽车的电视广告呢？如果要对汽车本身进行最直接的宣传的话，请一位汽车专家利用三十秒的时间把汽车的魅力所在彻头彻尾地讲述一遍不就可以了吗？可是，没有这样做广告的，不是吗？经过深思熟虑之后我们发现，原因在于，汽车广告所宣传的并不只是汽车本身，而是一种"形象"，更确切地说，之所以起用明星，是为了更好地彰显出驾车的您。

一位想买车的五十多岁男性看了佐藤浩市（日本知名男演员）拍的汽车广告后，想象自己也像佐藤浩市那样，既成熟又有风度地握着方向盘，时尚并充满自信地行驶在人生大道上。想象自己开着和佐藤浩市一样的车，越想就越觉得自己像佐藤浩市那样帅气，那样有名，那样成功，开着这辆车更能将自己时髦的一面向周围人炫耀。虽然不至于疯狂到抱着大喇叭到处宣扬"我很时尚！"可是如果开着这辆车到处跑的话肯定能达到炫耀"我很时尚！"的目的。

再举个名牌包的例子也可以证明这个原理。比如，某人手提古驰（Gucci）或普拉达（Prada）默默地走在街上，虽然只是低调地、默不作声地走着，可是，由于手里提的是世界名牌，那种发自内心的、魅力四射的感觉无法按捺，觉得自己才是街上的亮点。即使是午饭经常只吃最便宜的麦当劳100日元汉堡就打发了的人，即使是平时生活特别节省的人，为了自己的形象和满足自己的虚荣心，都不惜一掷千金。总而言之，人无论何时何地都想成为主角，都想为他人所知。

社交宴会的唯一原理就是"人都渴望为他人所知，都想成为主角"。

我曾经有过这样的经历：招待一些被公认为性格内向、不善言谈而且很腼腆的朋友参加某些宴会。在宴会这种社交场合，我主动和他们聊各种话题，诚心诚意地引导他们开口讲关于他们的一切，让他们觉得此时此刻他们就站在聚光灯下，是被注目的主角。令人吃惊的是，就在举行宴会的短短一个晚上，他们无一例外都变得健谈起来。为什么我的这些朋友会发生如此大的变化呢。解释只有一个，就是上文提到的社交宴会的唯一原理：人都有渴望为他人所知，渴望成为主角的欲望。而这种欲望在我的这些朋友身上犹如洪水猛兽一般，一发而不可收拾。

从中途被强行拉去参加宴会，开始时会觉得有些不知所措。宴会总策划主动和你亲切交谈，于是你不再觉得尴尬，而且话题的中心自然而然地转移到你的身上。不知不觉地大家开始聊起你很感兴趣的话题，使你觉得你已经成为焦点人物，这个社交场合让你很尽兴。

并且，你的心理会有所感触"在这个场合真的有人在倾听我的心声"，"这个场合给我提供了一个为他人所知的机会"。你会不知不觉地将多年来一直深藏在你心里的话一股脑儿的、毫不保留的都倒出来。于是乎，你进入了恍惚的状态。

获得自己的听众，受到大家的注目，发自内心的倾诉，真的是一件极为具有快感的事情！

当"我就是主角！"的快感像潮水似的涌上心头的时候，你便不由自主地卸下所有防备，把一切都和盘托出。你会脱下捆在身上的那层防护衣，甩掉所有傲慢，进入一种无话不说且毫无掩饰的境界。

进入这种境界就好像彻底脱掉了"内心的底裤"一样，不管是平时腼腆的人也好，不善言谈的人也好，都会敞开心扉。一旦心境处于开放状态的时候，就很容易与周围的人建立起彼此可以进行心与心的交流的关系。简单地说，就是容易使彼此之间进入建立信任关系的状态。把与会者们引入一种能够"脱掉内心底裤"的状态，使与会者彼此建立起信赖关系，是举办宴会的重要目的。

在工作中，创造一个让大家能够彼此真心交谈的环境，是商务谈判、建立客户关系、搞好职场人际关系的基础。

本书中所说的社交宴会，简言之，就是"在有限的时间内，最大限度地活用宴会提供给我们的空间，引导与会者们进入彻底脱掉了'内心的底裤'状态"的方法。

运用"人都是渴望为他人所知"的原理，脱掉与会者们"内心的底裤"，给与会者们提供使他们彼此能够坦诚沟通的机会和建立信赖关系的机会，是举办宴会要达到的真正目的。这不仅仅局限于日本的居酒屋文化，也适用于全球化商务环境。

Tip 01　欣赏别人的优点，也是一种能力。

02 主办者的任务就是让参加者成为主角

宴会能否为参加者提供建立信赖关系的机会，关键在于主办者能否让与会者"脱掉内心的底裤"。而想要"脱掉内心的底裤"就必须最大限度地应用"人都是渴望为他人所知"的这个原理。

但是，很多人都不会轻易开口。即便是在公司进修这种场合，以"下面请大家进行分组讨论"这种半强制性的方式让大家开口，还是会有大部分人都不发言。因此，大多时候，即使有人特意制造了说话的环境，最后也还是被那些"大嗓门"和"话痨"们占据了大部分时间。

那么，宴会主办者的主要工作是什么呢？毋庸置疑，那就是让与会者成为主角，并让他们的主角时间最大化。

电视和收音机在播放中的状态称为"on air（直播中）"，所以，某人被"on air（直播）"的时间称为"air time（直播时间）"。主办者瞄准的目标应该是将参加者的"air time"最大化。

所谓宴会主办者，既是让所有参加者都能够沐浴在聚光灯下，为每一个人制造主角时间的高级照明师，同时也是能够有效设计"焦点人物"的名司仪。主办者一边观察现场的气氛，一边找出最适合出现在聚光灯下的人，用巧妙的语言夸奖他、打趣他、让他发言，带动全场的气氛，并能够最大限度地利用节目演出等手段让与会者全体都成为主角。让更多的人"on air"，让主角更加鲜亮。用主办者的热情、技巧和能力脱下与会者"内心的底裤"。

所谓精彩的宴会，就是将与会者的"air time"最大化，并能够让与会者"脱掉内心底裤"的宴会。我第一次经历那种宴会是在十五年前，由人称"东京夜晚怪物君"的一个前辈（后来我拜师于他）担任主办者的部门年终聚餐。作为一个新进职员的我，在那场宴会中亲身体会到了什么叫作"奇迹"。

担任宴会司仪的那个前辈，好似拿着聚光灯自由自在地照射，让每一位与会者都成为焦点，用巧妙的语言引出每个人的发言，在宴会刚开始就使气氛活跃了起来。即便是对我这个刚入职场的腼腆的年轻人，他也和善地将聚光灯对准我，一边稍微夸张地向大家介绍我有趣的事情，一边礼貌地引导我发言，极力地夸奖我，同时也巧妙地打趣我，使我成为了当时的主角。

不可思议的是，沐浴在聚光灯下，虽然时间短暂，但是被捧为主角的我，在那一刻，体味到了奇妙的满足感："大家都在听我说话""大家的目光充满了友善""大家对我很感兴趣"，我似乎感受到了大家的爱……从所有与会者身上散发出的那种积极的"热情"让我满足，让我陶醉。

于是，从没有过如此爽快心情的我，很自然地就脱掉了"内心的底裤"。与一直因为害怕基本没说过话的上司、觉得疏远自己的年长女性员工还有只打过招呼的前辈以及许多人都敞开了心扉。

在那场宴会中，我突然变得能言善辩、热情高涨，而且感到非常幸福。这让我相信**宴会甚至具有改变人的力量**。那晚，我亲身体会到了宴会的威力，并下决心拜师于那位前辈。

而接下来要谈的社交宴会，不仅仅涉及集团及组织的领导力和经营学等商务方面的重要知识，还有日本人的待客之心。并且告诉大家怎样以人类最珍贵的"诚意"和"爱"作为原动力，让全体与会者成为主角，"脱掉内心的底裤"。

上面提过许多次的"将 air time 最大化"，这一点是让每个人都成为主角并"脱掉内心底裤"的精髓。无论是大型宴会还是小型宴会都适用。能做到这一点的宴会主办者，一定具有使身边人感到幸福的能力。

Tip 02 —— 每个人的 air time 基本是"10 分钟"。

03　作为主办者要有"位高则任重"的精神

选定宴会主办者的标准在于其能否掌控宴会全场。

宴会的主办者必须做到设计舞台、制造现场气氛、计划让聚光灯投在哪位与会者身上让其成为主角，以及思考让大家开口交流的方式。他必须先将场面打开，发动大家表演节目，带领与会者进入充满激情的世界。从某种意义上来说，在那一瞬间，他比在场的任何一个人拥有的力量都要强大，具有鼓动人心的力量。甚至夸张点说，主办者是操控宴会的"神"也不为过。

对于主办者来说，必须常挂于心的就是帮助"宴会弱者"。所谓"宴会弱者"，从职场角度而言，就是被原公司派到合作公司的员工、派遣社员以及刚进公司的女员工，还有腼腆的单身男员工，以及因各种各样的原因和背景而无法尽情享受宴会的人们。更确切地说，不仅仅是在宴会上，还有在自己所属的集团里也很拘谨的那些人。

宴会是构建信赖关系的场合。因此，如果在职场中举办宴会，就应该给平时拘束自己的"宴会弱者"们提供融入群体的机会。

在我工作的综合商社里，我所尊敬的上司总会提到一句话，那就是——位高则任重（noblesse oblige）。这是句法语，在字典里定义为"地位高的人应该具有相应的道德及精神义务。在欧洲社会，贵族等拥有较高身份的人应具有相应的较高的责任及义务"。那位上司的意思是**"被赋予某种力量的人有义务帮助弱者"**。

只要是担任过一次宴会主办者的人，就会明白一个简单的事实。那就是，如果想让宴会气氛高涨起来，那就只邀请那些活跃的人就可以了。不去特意邀请那些不喜欢宴会的人，也不去管在角落里沉默喝酒的大叔，只让那些本身就热情高涨的人尽情享受宴会，这样轻而易举地就能使气氛热烈起来。

但是，正在读这本书的各位，如果你有机会担任宴会的主办者，希望你能尽你的全力让宴会弱者们也享受宴会，不，更确切地说是举办一个让他们成为主角的宴会。

那些在家庭和工作中都没有存在感，擅长说无聊笑话的大叔年纪的员工；因为觉得自己是派遣员工所以总是很难融入话题的社员；刚进入公司，还不熟悉职场规则的新人；经常板着脸看起来很难搭话，实际上是容易感到寂寞的年长女性……**像这样因为种种原因而无法融入集体的人一定存在。**宴会主办者的重要工作就是帮助这些"宴会弱者"。如果单纯想着让他们以自己的力量，以宴会为契机逐渐地在职场中构建良好的人际关系，这是根本不可能的。

所以，请用你手中的聚光灯，温柔地照射他们，引导他们发言，夸奖他们，为他们创造出能够与其他与会者"心灵相通"的机会。

就我以往的经验而谈，无论是在国际商务最前线工作的时候，还是在哈佛商学院与来自世界的精英们一起学习的时候，我都遇见过几位真正杰出的人。他们共同的特点都是"和善"。不论多么聪明、多么有商务技能的人，如果他缺少对他人的那份"和善"，那么他就成为不了一流的人。美国第 35 任总统——约翰·菲茨杰拉德·肯尼迪（John F. Kennedy），作为一名伟大的领导人，至今仍为美国国民所尊敬的一个重要原因就在于他的人格魅力。

在第二次世界大战中，哪怕献出生命也要救出受到敌人袭击的同伴。他人性中的"和善"处处流露在他的言行中，感动着人们。也正是他的这种"和善"赋予了他成就大事的力量。

同样，世界上的那些顶尖人士，在志愿者方面几乎都有着惊人的付出。他们不仅以个人身份进行捐助、参加慈善拍卖，并且积极地投入到各种社会服务中去，如果身边的人有困难，他们也必定会出手援助。

　　人类心灵中最珍贵的"温暖"与"爱"，会帮助你实现巨大的理想，甚至制造出感动的瞬间。**一个人无论有多么聪明、多么能干，但如果他缺乏"和善"，就不会有人真正愿意与他并肩作战。**对待每一个人都公平、和善，同时具有位高则任重的精神，这才是你本身应该传递给大家的东西。

Tip 03　绅士绝对不会在酒席上说别人的坏话。

04 想要磨炼领导力，"坐席型"宴会要比"立餐型"宴会更好

我在日本举办宴会时，总是尽可能地避免立餐型派对。即使是我自己结婚典礼的二次招待也都要用明确决定座位顺序的坐席型。

当然，立餐型派对也有很多好处：可以自由地移动，获得新的邂逅，用自己的节奏与人交谈。那么，为什么我还要避免举办立餐型派对呢。在回答这个问题之前，请允许我先讲讲"领导力"。

我在哈佛商学院学到了许多重要的东西，其中分量最重的就是关于"领导"的定义。

　　在此之前，我一直感觉领导力只存在于一部分特殊人的身上，也就是说，这是一种后天很难养成的特别能力。我甚至认为领导力是像学校社团队长、公司部长及社长这样的要职，或者创业家和政治家这样的工作所具有的一种能力。但是，在哈佛商学院我听到了这样一段话，它改变了我的想法。

　　"来到一家餐厅，入口的花格外芬芳，没等多久便被礼貌的服务者引领到座位，所受到的服务也非常巧妙地平衡着私人空间与招待。菜品和酒水都美味至极，装修与音乐浑然一体，就连洗手间也光亮如新。直到吃完甜品，走出餐厅为止，都让人感觉在那里度过了十分美好的时光。在这种情况下，这家餐厅里就存在着强烈的领导力。这个餐厅里的某一人，也许是店主，也许是经理，也许是打工团队，产生了让这家餐厅'形成这种氛围'的强烈愿望，并将之实现。这就是一种名副其实的领导力。"

　　这段话大有学问。它告诉我们，只要有"我想这么做""我想改变什么"这种强烈想法，无论是谁都可以成为领导者。而领导力就是不管在"什么时候"，不管在"哪里"都能够发挥出来的能力。领导力并不是某些特殊人的特权。将"世界应该这样""我想创造这样的世界"等想法凝聚，落入企划和计划中，号召周围的人一起来实行。能够将"设定理想""制订计划""实行计划"这一过程变成现实的人就是领导者。

宴会也是如此，主办者将"想举办这样的派对""这样应该能让大家开心"这些强烈的想法（愿望）具体化，写入周密的计划中并将其实行，这些行为本身就是领导力。"描绘理想"并为之行动，用所有的方法尽力实现"自己的世界"。创造出自己容易战斗的环境，排除不确定及危险因素，让事情在自己的掌控中发展，不管怎样都要实现"自己的世界"。这就是一名领导者所应该做的。

我尽量避免立餐型派对的原因就在于此，在立餐型派对中很难实现"自己的世界"。**立餐型派对的难点在于"自由度"非常高，因而主办者就很难对现场进行掌控。**

当然，宴会本身就充满了不确定性与偶然性。无论多么精心地准备，在当天还是会出现各种各样的偶然事件。然而，有时候正是因为这些偶然性才使得宴会更加有趣。但是，如果过分依赖偶然性，那么就会失去对宴会的掌控权，原本的宴会计划就变得难以实现了。一向标榜"让与会者们脱掉'内心的底裤'，建立并加深新的信赖关系"的我遇到那种不能使主办者发挥强烈作用的"立餐型"宴会，也会感到很困扰。

另外，如果所有的与会者都习惯于参加"立餐型"派对的话，那也没什么问题。但是，大多数的日本人都不习惯于参加立餐型派对。利用与会者所不习惯的形式，会让他们感到不知所措而无法尽情享受宴会，从而对"脱掉内心的底裤"造成障碍。因此，我一般都会回避"立餐型派对"。

作为领导者，直到事情落实之前都有实行的责任。必须认真考虑什么才是必不可少的。而且，除了思考最好的方法以外，还要学会舍弃。这就是所谓的"战略性"。

"战略，就是决定放弃什么"。斟酌有利的作战方针，利用所有必要的手段以得到结果。这是包括商务在内所有"战争"所必需的条件。

Tip 04 ——
在立餐型宴会中，可以以添饮料为借口而自然地中止与对方的对话。（强烈地感受到了这家餐厅的领导力……）

Part 2

实　　践　　篇

05　千万不要忘了"宴会关键人物"

工作也好，宴会也好，"准备占成败因素的百分之八十"，也就是说，准备是决定事情成败的关键。做事之前必须进行全面的准备。因此，理所当然，从准备阶段开始就要营造出便于自己行动的环境。

那么，试问一下大家，你的钱包里装了几张一千日元的纸币呢？

对于一名商业人士来说，通常会在钱包里放九张一千日元的

纸币。因为不知道什么时候就有紧急事情需要坐出租车，而且和客户一起乘出租车的情况也会有不少。那时，如果钱包里只有一万日元的整钱怎么办？下车时递给司机一万日元的纸币，而司机对你说"没有零钱找"，这种情况时有发生。因为不知所措，而让重要的客户在旁边等待，也许因为这件事情就会错过千载难逢的好机会。

对于这些小事情必须要有所设想。平时准备一千日元纸币的这件小事，甚至可以决定一个人人生的明暗。因此，平时要对各种事情都有所设想，做好万全的准备，这种态度是十分必要的。

决定宴会的日程绝对不只是决定在哪天举行宴会那么简单的工作。决定宴会的日程是非常关键的准备。决定日程的重要本质在于，不是"决定哪天举办宴会"，而是"决定举办都有谁来参加的宴会"。更明确地说，你要认识到：这是"组成自己作战团队的绝好机会"。

比起决定"举办日期"，决定"与会者阵容"，也就是决定你的"布阵"，更能成为你为自己准备"环境"的重要机会。

我的师傅——"东京夜晚怪物君"，他在工作中也是个出类拔萃的人，在第一次遇见他的时候，他曾经对我说过"自己的'作战'环境要由自己来创造"。

在工作中，经常会听到"环境太复杂，太难掌控"这样的借口。这种人失败的原因在于他"无法对环境进行整理"。**要想工作质量高，创造出自己容易工作、容易"作战"的环境是特别重要的。**

在宴会中也是同样，有必要为自己创造环境。因此，主办者在机械地排出日程之前，应该多想想怎样才能创造出"自己容易'作战'的环境"。

当然，最先考虑的应该是宴会的主旨，调整主要来宾的日程。如果是职场的欢迎会，那就应该优先考虑部长、课长以及新加入成员的日程，以他们的时间为主。确认主要来宾的日程之后，马上用邮件催促大家，选出出席人数最多的日期。需要注意的是，在确认其他人的时间之前，首先要确认"宴会关键人物"的日程。

所谓"宴会关键人物"，就是能够让宴会气氛高涨起来的人。一定要让他成为自己团队中的一员。"只要有这个人在，气氛就能活跃""这个人参加与否，气氛完全不同"，这个人有可能是前辈，有可能是同时进公司的同事，也有可能是爱喝酒的大叔社员。不论他们是谁，**都必须让这个能够活跃宴会气氛的"关键人物"出席**。他们的待遇要和主要来宾一样，不是用邮件通知，而是要拿着记事本直接面对面地和他们说："你不来，宴会就无法开始！"请求他们的支持。

"这次的欢送迎新会，XX 先生（小姐）来的话一定会让气氛高涨。"通过这些话来争取"宴会关键人物"的出席，同时也点燃他心中的火焰："好的，交给我吧！"如此一来，他的角色就会从宴会的"客人"转向"主办方"，也就成为了你团队中的一员。在派对中他一定会尽全力支持你的安排。

但是，还有一点，希望大家不要忘记。那就是除了"宴会关键人物"以外，在这个时候，**对平时不参加派对的那些人也要主动发出邀请。**

派遣社员、因酒量小而不擅长交际的员工、在宴席中基本见不到身影的人，这些人在以往的宴会中肯定都没有什么快乐的回忆吧。即使突然收到写着日程表的邮件，可能也会回复说："实在抱歉，哪一天都不方便。"

但是，你不觉得正因为他们是这样的人，才一定要让他们来参加宴会吗？你不想让他们通过宴会，在今后的职场中能够游刃有余吗？你不希望和他们在一起工作的时候更开心吗？制造这种"新的人际关系""新的信赖关系"不正是宴会的首要目的吗？

所以，请礼貌地主动邀请他们。

只要让他们感觉"竟然被如此热情地邀请了！"，这些不擅长交际的人们的出席率就会大大提高。并且，在宴会的当天他们也会觉得"这次好像和以往不同""我好像也能够适应宴会了"。因为心情舒畅，他们会更容易融入到宴会的氛围中。

在确定了"主要来宾""宴会关键人物"和"不宴会的人们"的日程之后，就要开始利用在线日程调整工具或者邮件通知其他的"一般与会者"。

日程调整所要注意的就是要**一气呵成**。在确定了"主要来宾"的日程之后，两天内，最迟在三天内决定出最终的日期。因为大家都很忙，如果长时间为宴会空着几天的安排，那样会非常不方便。对没有回复邮件的人，就直接去询问他。总之要以电光石火般的速度确定派对的日期。

"自己的'作战'环境要自己创造"。和工作一样，事实上，宴会在没举办前就已经开始了，必须用尽一切方法去准备。

Tip 05 　提前拜托他人说宴会的开场词是一种礼仪。

06　决定场所时要善于请教"大妈"和"姐姐"类型的人

所谓"准备占成败因素的百分之八十"，在宴会的准备中，还有一个重要的事情就是决定场地。餐厅的环境、对待客人的态度、饭菜的口味以及酒水的种类，这些都直接影响着参加者。

无论是举办职场的宴会，还是接待公司的客户，在开始之前才联系场地的人，他的工作能力不得不让人感到怀疑。"事前没有联系场地"等于"在开始之前随便找个地方"，这样难免让人觉得这个人"不重视这次宴会"。

在我刚进公司的时候，曾见过一名前辈在邀请客户吃晚饭时，提前预约了许多个他比较信赖的餐厅，并给客户打电话说："寿司、烤鸡肉串、意大利菜和中国菜，这些我都知道一些好店，您喜欢哪一个？"那位前辈想邀请客户去的都是自己所熟悉信任的餐厅。看到他的做法，我深切地感受到选择场地（餐厅）的重要性。不是仅仅选择"有空位置"或"方便"的地方，而是要**尽心尽力地挑选能够让对方满意的地点**。

在决定场地的时候，如果能让两类重要的女性成员加入，进展相对会比较顺利。

一种是**"大妈"**型。每个部门都会有一位这种类型的成员：能够得到大家信赖的年长女性，也可以说是公司女性中的"权威"。决定场地的时候要尽早地和"大妈"商量。她可能并不会知道很多餐厅的详细情况，但可以和她商量"应该选择在哪个范围"。

选择场所范围的重点在于（在没有特殊主题的情况下），**要选择方便像"大妈"这种年纪大的参加者回家的地点**。这是对晚上特意出来参加宴会的年长与会者应有的关怀。

专门去找"大妈"，对她说："这次的欢送迎新会，我想，不去以前总去的那些地方，换个新地段会不会好点呢？比如说表参道、六本木，或者是比较安静的品川，您看怎么样？"

"大妈"听到这些，一定会想："啊，还在意我的想法呢。不错！而且这些都是大家比较容易回家的地方，挺能干的嘛。"她肯定会说："是啊，偶尔去去表参道也挺好的。"并且，她在帮你考虑场所的同时，也会帮你考虑有关整个宴会的事情。

重要的是，这样，她的角色就会转变为本次宴会的主办方。**如果是"大妈""帮助决定"的场所，那就会变成如同"圣地"一般。**部门里自然就没有人会提出异议了。而且，这样会让"大妈"积极地形成"让宴会成功"的想法，变成你阵营中的一员。也就是说，能让具有隐性影响力的女性权威者成为你的帮手，那就什么都不怕了。

第二种是**"姐姐"**型。她是比你工作时间长，并"具有相应存在感的女性"。如果能够让"姐姐"站在你这边，不仅是宴会，就连你在公司里的工作也会变得顺利很多。

"姐姐"们的关系网十分厉害。在茶水间和午餐时间，姐姐们会通过闲聊交换各种各样的信息。如果能够被她们认为"很不错"的话，你就会在不知不觉中被公司的姐姐军团们认可。在与一位姐姐接触的同时，相当于在与十位姐姐接触。所以，请慎重对待与姐姐们的交流。

"姐姐"会知道很多好餐厅，只要你从正面礼貌地拜托她，她一定会帮助你。首先你要从自己调查和去过的地点中挑选出三个与她商量。要注意的是，如果部长或者课长这样的"主宾"在某些方面很讲究的话，当然要优先于那些方面，例如"喜欢日式饭菜""喜欢红酒"等。根据上司的喜好确定地点，这是一个基本常识。

你可以这样对她说："我正在考虑在哪个地方举行派对。因为部长喜欢喝红酒，所以我想定在意式餐厅，但是有三个地方看起来都不错，您能否给些建议呢？"

我从没有见过对选择吃饭地点不感兴趣的女性。大家对食物都有着强烈的好奇心，而且，反正都要去，肯定希望选择一家菜品美味的餐厅。因此，姐姐一定会积极地回答你。根据情况不同，也许她还会向自己的"姐姐关系网"询问，请她们一起帮你研究。

现在，"姐姐"也站在了你这边。"姐姐"是选择地点的关键成员，她绝对会成为你强有力的伙伴。

"大妈"和"姐姐"是两张必须紧握的王牌。在决定地点的阶段通过与她们商量，让她们成为"主办方"中的一员，借助她们的力量让宴会更成功。因此**"尽早地让重要人物加入你的阵营中"**是非常有必要的。不要一个人承担问题，要与大家进行商量，通过寻求他们的帮助，让他们尽早地加入你的阵营。

Tip 06 —— **"姐姐"是工作中的"小灵通"，偶尔约她们吃饭聊天很有益处。**

07 一定要亲自先看一下宴会场地

哈佛商学院的大前辈——路易斯·郭士纳（Louis V. Gerstner, Jr.），在 20 世纪 90 年代初期，大型 IT 企业 IBM 陷入生死危机时，作为该公司第一名从外部聘请的 CEO（首席执行官），成功地将 IBM 进行了重建。他到 IBM 后，做的第一件事就是前往现场，然后和重要人物直接见面谈话。

无论你头脑多么聪明，商务技能多么好，但是，如果你不认真地把握"现场"，你就做不成大事。当出现问题时，在办公桌前进行应对的人和尽可能跑去现场应对的人，在问题的处理上会有天壤之别。有许多事情是只有到现场进行直接对话才能够弄明白的。只重视效率，尽可能坐在办公桌前用指尖进行应对的方式是难成大事的。更何况这样也很难让周围的人行动起来。

宴会也是如此，最为重要的就是"现场"。举办重要宴会的餐厅，必须提前去考察。如今，通过网络和杂志能够很方便地收集到餐厅、酒店的信息，因此很多人就会认为不用看实物也知道是什么样子。但是，实际上有很多东西你不去考察是不会知道的。

首先就是"空间"。写着"拥有二十个座位"，但是具体空间有多大？一个桌子可以坐几个人？桌子之间是怎样连接的？桌与桌的距离是否方便起身去洗手间？"主宾"的位置是否过于狭小？与邻座之间是否隔着柱子？说是禁烟，但是吸烟处会不会就在旁边？说是半开放式的单间，真的是与其他客人隔开一定的距离了吗？这些问题，不亲自去考察是无法得到答案的。

·例如**"是否方便起身去洗手间"这一点，是对女性的一种贴心关照**。当女性想起身去洗手间时，如果必须让大家夸张地移动，就会变得很引人注目，这对于女性来说十分尴尬。她们所希望的是可以方便起身行动的空间，这样她们才会安心地享受宴会。还有，如果邻座之间隔着大柱子，那就相当于隔住了与会者之间的精神沟通。如果宣称是禁烟宴会，却没有真正禁烟的话，就不会让讨厌抽烟的人士感到高兴。另外，**是否半开放式的单间决定了大家畅所欲言的程度**。这些虽然都是些小细节，却是决定与会者满意程度和宴会成功与否的重要因素。而这些信息仅仅通过网络是无法掌握的。

其次是"服务"。在这个方面，我的建议是直接与店长会面。去场地考察的时候，要明确地指出"我想和店长打声招呼"，一定要与店长见面。然后向他传达这是一次非常重要的宴会，拜托他服务周到。而且还可以试着针对菜品和酒水提出一些特定的要求。

如果事前与店长打了招呼，大多数餐厅在当天都会给予你意想不到的热情服务。很多店主都会觉得"这个主办者对宴会如此用心，那我们一定要用热情的服务来回应他"。在宴会当天开店前的会议中，店长也许还会给店员打气说："一定要招待好今晚七点钟来的那些客人们。"店员们的麻利动作，一定会让宴会的气氛更活跃。

通过事前的现场考察，会了解到许多信息，对改善计划也有很大的帮助。在确定了餐厅的服务和菜品这些方面都没问题之后，在宴会当天的操控中，就可以专注于司仪和节目表演这些精神层次的方面了。

前往现场，去考察、感受、交谈，这种充分利用实际行动的现场主义在工作中也是必不可少的。**在磨炼现场感觉的过程中，渐渐地你就能够掌握到那些平时所看不到的细节以及不足的地**

方。利用这些拼命在现场收集到的信息，你的发言将会更有"说服力"，同时也会更好地调动你周围的人和你一起行动。

Tip 07 谨慎利用那些无法取消和更换菜品的餐厅。

08 提前安排座位，必不可少

为了能让宴会达到"脱掉内心底裤"的效果，"座位安排"应该提前就决定好。充分模拟座位顺序的安排，在宴会当天会成为气氛高涨的一个助推力。

决定座位的最好时机，就是事前去看场地的时候。眼前呈现出现实的宴会场地，会更容易设想座位的安排。在众多安排方法中，**要决定出最能活跃气氛的方式。**

首先，要想象参加者登场时的情形：大家在这里脱鞋，一定都会聚集在这里……在那儿放随身物品，等等。这些都需要进行具体想象。然后，再在脑海中设想大家举杯畅谈的情形。想象一下"主宾"，坐在上座的中间，微笑着喝酒的部长……

"能让部长心情如此愉悦的……应该是平时与他关系较好的课长，因此，有必要让课长坐在部长的斜对面，方便与他交谈。而且部长想聊的话题一定还会与今年刚入职的两位新人有关，一男一女正好让他俩坐在部长的两边，可是，新人和课长、部长坐在一起，就身份而言，差距似乎有些大，还是让那个年轻的干部坐在部长对面吧……"

"那位平时不怎么爱说话、从合作企业调过来的女生……可能很难会主动开口，让她坐在女性同事的旁边应该好点吧。还有那个说话很有意思的男生，很有必要让他为大家提供话题、缓解气氛。"

"至于总爱吹牛的那个人，就让他坐在边上吧。因为他即使在角落里也很能讲，这样他可以负责从边缘向中央传递热情。"

在如此设想的过程中，就可以把每个人的座位都决定下来。**在想到合理的安排方法之前，必须不断地重复设想。**我认为，"决定座位"甚至可以左右宴会的成功与否。

"安排座位"也是接待客人的基本要求。要充分考虑能够让客人心情最愉悦的座位顺序。对于那些没有事先安排座位的主办者，大家一定会讽刺地说："他可真有勇气啊"，同时也会认为他没有认真地对待宴会。如果真的想让宴会气氛高涨，那就一定要用心地提前安排座位。

　　就算在工作中，这种对现场的模拟设想也是不可缺少的。例如，我在哈佛商学院所学的"谈判技巧"强调的就是 BATNA。BATNA 是 "Best Alternative to Negotiated Agreement" 的缩写，简单地说就是**"在谈判破裂之际选取最佳的选择"**，也就是"退而求其次"（次善策）。提到"谈判技巧"，大家的脑海中可能都是在谈判桌上，利用说话技巧和心理战术让对方哑口无言的画面。其实，在实际谈判开始之前，我们还需要做各种各样的调查和无数遍的模拟设想，需要找到"即使谈判破裂，只要这样做也可以"的次善策。可以说，事前的模拟设想也就是谈判能力的根源。

　　也就是说，**事前，你所进行的有关如何让自己的立场变得更加有利的模拟设想，决定了谈判时你的优势**。

　　宴会也是如此，在宴会前你对模拟设想的思考深度决定着你的成功概率。而且，如果你将所有可能性都仔细地考虑过，你的发言会变得更有说服力，你的自信感也会倍增。

　　部署宴会座位的基本点不仅仅是让重要人物坐在上座这类一般注意事项，还要让擅长交际的人和不擅长交际的人混在一起就坐。尤其是以下这几点特别重要。

让比较爱说的人坐在边角处（不爱说话的人坐在角落很有可能会被孤立）。
尽可能让经常在一起聊天的好朋友分开坐。

在不爱说话的人旁边安排容易交谈的人。

照顾女性们（不要让她们成为大叔们的聊天对象）。

以上这些，在为表演节目而进行分组的时候也一样要注意。

模拟设想的能力，在进行必要资源的确保、风险规避等工作中也是立即就可以用上的力量。同时，"根据周围每一个人平时的行为习惯，发挥强大的想象力来推出结论"。这个过程就是在重点地锻炼你的"概念化能力"。

著名的管理学学者、哈佛商学院的罗伯特·卡茨（Robert L.Katz）教授认为，年轻的管理者应具备的能力是"技术技能"（执行职务能力），也就是作为"负责人"所应具备的必要知识和技术。随着职位的升高，还要求其具备"概念技能"（概念化能力），即对周围事情和状况进行结构上及概念上的捕捉，看清事情和问题本质的能力。

因此，一定要进行充分的想象及不断的模拟演练，努力锻炼你的概念化能力。

Tip 08 —— 一般，主办者应该坐在下座。

09　熟悉的餐厅至少应该有三个

我经常光顾的餐厅有固定的几家。其中有寿司、烤肉、意大利菜、牛排以及日式料理等。这些并不全是高级料理店，比起"价钱合理"，我更看重的是他们"出色的菜品"和爽快的服务态度。在那里，从店长、老板娘到服务人员都对我非常了解，因此，他们会诚心诚意地欢迎我。

经常去的餐厅有三个好处。

第一个是，**能在关键时刻帮助你**。虽然每次都很麻烦人家，但是，因为是经常去的店，即使提出看似无理的要求，例如在没有预约的情况下，对店长说："店长，有位置吗？虽然我们只有两个人，但是对方是很重要的客人，给我们六个人坐的沙发座吧。"还有这种略微任性的要求："大叔，我今天的预算虽然只有这些，但是帮我想想办法弄得上档次些吧。"以及这种特殊请求："店长，不好意思，因为是接待客人，帮忙快点上菜啊。"都可以得到同意。这样的店，尤其是在接待重要客户的时候，非常方便。

第二个是，因为是非常熟悉的店，所以**更容易安排各项事宜**。从餐厅的好位置到菜品酒水的菜单和服务人员，你都了如指掌。因此，在那里招待客人就变得非常方便，而且你招待的客人也能够尽情地享受这种氛围。

第三个是，在熟悉的店里，**能够让自己放松下来**。宴会的宗旨就是"让自己开心"。选择能够让自己放松的店对达到这个效果是十分有效的。

在进入餐厅的瞬间，店里的工作人员用发自内心的笑容对你说："您来了。"店里的老板、老板娘像老朋友一样地问你："最近怎么样？"享受着全心全意为你做的菜品和酒水，简直就如同在对你说："欢迎回来"，让你有一种回家的感觉。这就是熟悉的餐厅的魅力所在。在如此舒适的空间里，你可以完全放松自己，全身心地去感受宴会所带来的乐趣。因此，这样的店，至少要有三个。

建立这种熟悉餐厅的诀窍就是"不要摆架子"。明明不合自己的喜好，却因为"很酷"或者"有名气"就经常光顾，那样最终还是会因为厌倦而不愿意再去。**要自然地去寻找自己喜欢的店，经常去几次。**去的次数多了，慢慢地就能够和店里的人说上话，从而就使之渐渐地成为你熟悉的餐厅。

与店里人聊天的过程，也是开始了解这家餐厅的过程。从聊天中你可以了解到这些为宴会提供场所的饮食店成员们都是一些什么样的人，都是怀着什么样的心情在工作的。这些都是重要情报。如果你知道关于这家店一些不为人知的事情，会使你主办者的身份更加"厚重"。

另外，不仅是熟悉的餐厅，对自己去过的餐厅进行信息备份也是十分有必要的。那些你去过一次，感觉不错的店，建议你当天就在手机的电话本里做下记录。不要只记店名，还要记下地点。比如在大井町的店，要记做"大井町·松之寿司"，**"站名（店名）·店名"**这样记录的话，下次当遇到有人问"嗯……大井町附近有什么好店呢？"的时候，就会一下找到这家店了。我现在记录了大约一百二十家餐厅的信息。我的朋友们都会习惯性地问我："XX附近有什么好店？"

像这种常去的店和自己认为非常不错的餐厅，可以做一份一览表。以后无论在什么时候举办宴会，你都会非常自信地完美地完成。

Tip 09 知道一些禁烟餐厅，会很方便。

专题1 参加外国人的派对，必须两人同行

当外国人邀请你参加派对的时候，如果你对自己的外语信心不是很足，觉得在派对过程中一直说外语会感到很吃力，那么，就带上你的朋友一起去参加吧。

在异文化交流时，一个人单枪匹马地在全是外国人的环境中如鱼得水、游刃有余，的确厉害。但是，并不是所有人都能够做到这样。因此，带上你的好朋友一起去才是最明智的选择。毕竟，参加无法让自己尽情享受的宴会是没有任何意义的。况且看到你

能够开心地享受宴会上的美好时光，邀请你的人也会很欣慰。

原本外国的那些酒会就是为夫妻、恋人这些情侣们能够在一起享受开心时光而举办的。与恋人或妻子两个人去参加，不仅有共同话题，而且会在一起讨论菜品的味道或周末安排等这些愉快的话题中让人心情愉悦。

而且，单身的人还可以通过会场中熟人的介绍，结识与自己趣味相投的对象，从而两人能够在宴会中愉快地聊天。**我们甚至可以想象两个人手牵着手，在水族馆里的人群中自由地漫步。**如果能够达到如此快乐的氛围是最理想的。这样，两人就不会觉得无聊。还可以根据两人的心情早点离开去看个电影之类，进行单独约会。

日本的立餐型派对也一样。不同的是，日本的立餐型派对并不是为情侣举办的。对于我来说，真的不是很喜欢参加日本的立餐型派对。但是有时又必须去参加，那时我就会和同性朋友两个人一起去。就像前几天，我被邀请参加一个客户公司举办的派对，我就带上了原来公司的一个同事一起参加，那天我俩都很尽兴。

对于立餐型派对，不要勉强地一个人去参加，带上自己的好朋友，去度过一个舒适的时光，那样也许会更好。

10 注重每一个细节，让宴会完美且魅力无边

领导者的重要任务是，将"理想"写入"计划"，并让其"成为现实"。那么，为了让自己的理想成为现实所必须做的事情就是，**追求每一个细节的完美**。

在哈佛商学院读书的时候，有一次和一百四十名外国同学到日本进行实地考察，我担任了十天的宴会主办者。我带领大家在六本木有名的居酒屋里、在游船里、歌舞伎店里以及温泉旅馆的宴会厅里举办了许多场愉快的宴会。当时，我作为宴会部长，计

划了各种方案。而在这些方案中我最关注的一点就是**注重每一个细节**。

例如,作为活跃气氛的小节目"一口吞"中所准备的那个蛋糕,实际上花了我一个小时的时间去寻找。如果蛋糕太大,要花费很多时间才能吃完。太小的话又会失去"一口吞"这个游戏的意义。

也许有的人会认为"对于这种小细节,不必追求完美,不会对大局有影响"。但是,这种对所有细节都追求完美的态度是具有重要意义的。

因为作为一名领导者,你头脑中所产生的"理想"是无形的,所以很难向他人描述。如果领导者自身不将每一个细节都设想好的话,**那种朦胧的一时想出来的东西(Just an idea),就无法让他人正确地理解和把握。**

当然,在实行阶段,领导者一点一点地从细节进行指导、管理是不现实的。我们所说的"追求细节"是指在将理想向别人描述的阶段,领导者对细节的设想是很重要的。追求细节完美,对细节进行设想的过程,也是对想法进行推敲的过程。这样,**当初脑子里蹦出来的那个"理想",在慢慢接近现实的过程中,就会成为一个"可行的计划"。**

有这样一句话——"上帝存在于细节之中"。追求细节的商品和服务,对于受众来说都是非常珍贵的。例如苹果公司的iPhone,它是集"人气音乐播放器""移动电话""触屏数码产品"为一身的划时代产品。而更加令用户瞠目结舌的是它对细节的追求，例如，手指好像被吸住的触屏、方便好用的软件，等等。没有谁不被苹果公司那追求完美的精神感动。

苹果公司的前 CEO（首席执行官）史蒂夫·乔布斯（Steve Jobs）以**微观管理**（对微小细节都要插手的管理风格）著名。如果没有乔布斯"必须这么做"的这种强烈追求细节的管理，恐怕包括 iPhone 在内的所有苹果公司的产品都不会诞生了。

宴会也是同样。**领导者追求细节完美的宴会将是一个无与伦比、能够直达人心的宴会。**追求细节的宴会，节目和服务都有着扣人心弦的力量。领导者的想法、认真程度会传递给每一位参与准备宴会的人。并且，那份执着会以飞一般的速度打动宴会的参加者。

当你要向别人描述那颗谁都没有见过的星球时，那颗星球是像大海一般的颜色还是像沙砾一样的颜色？是石头的形状还是树木的形状？这些你都必须进行详细的想象。如果不这样，别人只会认为你说的仅仅是梦话而已，而无法打动他人的内心。

最后，要记住，不允许自己妥协，彻底坚持的行为才能称得上是执着。

Tip 10 如果把想法写成文章的话，你会更容易发现其中的不足。

11　多点创意，挑战谁都没有做过的事情

克莱顿·克里斯坦森（Clayton M. Christensen），哈佛商学院的名牌教授。他所著的《创新者的窘境（The Innovator's Dilemma）》一书，在世界各地都十分畅销。书中列举了许多只专注于一项技术或服务，而不进行技术革新的公司，很快就会走进死胡同的例子。像他书中介绍的事例一样，不积极进行革新的公司或组织迟早会面临灭亡。

同理，宴会的主办者也会形成一套自己习惯的"胜利模式"。

但是，**过分执着于"胜利模式"是不可取的。如果不连续拿出新的想法，宴会很快就会变得无趣。**在主办者自身所习惯的模式中，会缺乏紧张感，也会让与会者们感受不到刺激。

但是，大家也许会想"虽然道理明白，但是新想法也不是那么容易就能被想出来的啊"。

广告大师詹姆斯·韦伯·扬（James Webb Young）在其《创意（A Technique for Producing Ideas)》一书中提到，所谓创意，不是像"在一片苍茫的海面上，突然出现了美丽的环状珊瑚岛"。换句话说，创意不是"突然出现的东西"，**不是利用既存要素以外的事物而组成的。而是利用既存要素导出的新组合，是找到事物之间关联性的能力。"**也就是说，"不是要你努力从零开始想出奇特的创意，而是联系现有的事物，建立出新的关联性"。这样才是想出创意的正确思路。

因此，找到"关联性"就变得非常重要。首先，必须要做的就是"收集信息"。收集到关于目标事物的信息越多，找到关联性的可能就会越大。

如今，我在思考新企划和表演节目时，还是会提前进行大量的信息收集，从中找出相互的关联性。

例如，有一次，我被邀请担任一位朋友婚礼派对的主办者。期间我在收集关于新郎新娘的信息时，了解到了许多事情。首先，他们是因为工作太忙而无法举行结婚仪式，因此才突然举办这个类似结婚仪式之后才举办的婚礼派对。还有，新娘喜欢带花纹的陶瓷品，等等。知道这些之后，我在脑海中就已经将很多东西都联系了起来。于是，我想到了一个创意"给他们一个惊喜，那就是让他们走一次'花道'"。

我当时的想法是，婚礼中的一个亮点便是"花道"，而他们却没有经历过。因此，就在这个派对中让他们走一次吧。

具体的方案是这样的：将新郎新娘的眼睛蒙住，让他们做一个被称为"缘分判断"的游戏。利用游戏进行的时间，让全体来宾悄悄地在新郎新娘面前围成一条通道。当主持人喊"时间到！"并将遮住新郎新娘眼前的布拿掉的一瞬间，他们的眼前就会呈现出由大家为他们围成的长长的"花道"。此时音乐响起，两人在大家的撒花中步入"花道"。

但是，最大的问题在于，新郎新娘被蒙住眼睛的时候，如何让近百的来宾组成"花道"。给来宾们事前发布通知传单的话会很无聊……最后，我动用了十名主办团队里的人员，在新郎新娘蒙住眼睛的时候，让他们悄悄地引导大家组成花道。当时我的心里忐忑不安，担心会失败。然而，在十位帮手的努力下，计划完成得十分成功。当我看见新郎新娘惊讶的表情和来宾们开心的笑容时，心里不禁想：选择挑战这个计划真是太好了！

挑战新事物的同时免不了会伴随一定的风险，但是哈佛商学院教给了我们一个道理，那就是："**人生最大的风险，就是不去面对风险。**"也就是说，在不断躲避风险中悠然地度过时间，而当你在不知不觉上了年纪的时候，才会发现一切都是如此的平淡。

那时，也许你会后悔："啊，如果当时冒点险就好了！"

只要不懈地努力寻找事物的关联性，就一定会想出好创意，而且，在不断的觉悟中将之实行，经常挑战存在风险的事物。这种态度，不仅在宴会中，在工作中也是相当重要的。

史蒂夫·乔布斯曾经说过"I'd rather be a pirate than join the Navy"。(当海盗比加入海军有趣得多。)不仅是因为能得到大量的财宝，更因为有无数的岛屿可以让我们去不停地探险。只有不断地革新、不断地探险，才会使你的人生斑斓多彩。

Tip *11* 正因为有失败，才有机会。

12 多让人"参与"，增加视听效果，让感动人心的宴会
节目更感人

在结婚典礼结束后的小型派对中，最引人注目的环节就是"来自XX的一封信"。也就是在宴会高潮的时候，拿出事前新娘母亲写的信，作为惊喜送给新娘。

关于这个环节，一般的主办者会这样进行：

主持人说："接下来，我们要给新娘一份惊喜"，然后拿出信，用话筒朗读起来。新娘肯定会边听边流泪，在场的来宾也会有所

感动。现场被营造出温暖的氛围。这就是一般意义上的成功。

但是，这样做就像流水账一样没有什么新意。如果我是主办者的话，会将信的内容字幕化（如同在电影结束后，随着音乐荧屏上会从下至上地打出工作人员和赞助商以及制作公司的名字一样的方式），利用影像的方式呈现给大家，让大家感动。具体做法如下：

主持人："接下来，给新娘一个惊喜。"说完，便放 VCR。

开始的时候，在大声的音乐中放映新娘刚出生时的照片，这时，来宾们会觉得"啊，好像有节目啊"，成功地吸引大家的眼球。这时，所需要注意的是**要让音乐的声音很大**。因为必须"一下子就掌控全场"。如果音乐声音很小，有些人就还会继续自己的交谈。而我们希望的是让大家暂时都集中于这四分钟左右的环节。在场的所有人是否都关注这件事情，决定了气氛的热烈与否。因此，要有效地运用音乐。

在第一首音乐结束之后，开始在屏幕上放映信的内容。放映的速度一定要缓慢，因为，这不仅是要给新娘看，也要给全体参加者看。比起朗读信的内容给大家听，让来宾自己去看，应该会更让人感动。

通过策划这个小环节，提醒我们需要注意两点：

一点是，宴会中的小节目，尽可能地要采用参加型，也就是让参加者有"当事人的意识"，这样才能使感动和欢乐直达人心。不要指定谁去朗读信的内容，要让参加者们自己去读。因为采用了字幕的形式，所以更容易集中大家的目光。这样，宴会中的小节目就会变得更加吸引人。

另外一点就是，为了最大限度地发挥"内容"，要有效地利用音乐效果和视觉效果。这些不仅可以用在宴会节目中，对于策划宴会的各个方面来说都是十分重要的。

对于实现宴会目标最难的就是：当主办者把心中所想的愿景传递给参加者的时候，可能会变得不那么强烈，甚至面目全非。也就是说，将理想变为现实的时候，通常会受到预算和时间等许多限制。最初的想法经过无数次的修改、涂抹，最后可能会变得与之前大相径庭。这样的事情时有发生。

但是，将理想付诸实践时，是否能保持初衷这一点，正是考验领导者真正价值的一个重要标准。这就要求领导者在不得不妥协的现实面前应具有一定的应变能力，同时，对于不可以改变的事情要**"动用所有力量，不顾一切地将之实现"**。彻底利用一切可以利用的资源，勇往直前的战斗力是十分珍贵的。

哈佛商学院中有一门课程叫作"创业市场"。它教会我一个道理，那就是**"所谓创业，就是通过预测未来，充分考虑什么才是能够被人们接受的商品服务，从而进行操作管理。"**如果你有"我想做这个"的想法，就要将目标准确地描绘出来，然后设想对它进行操作管理以及最后完成的每一步。这样才会让现实跟着理想走。

就像小行星探测机——"隼"一样，它并不是改良了火箭的高性能后碰巧到达了"糸川"这个小行星上，而是制定了"采取小行星样本"这个明确的目标之后，集中科学家、技术工作者以及企业家们的全力才创造出的奇迹。

"来自母亲的一封信"这个环节，能让参加者们都很感动。关于如何进行这个环节，一般的想法是让新娘朗读信的内容。但是"最初想要的效果肯定是比这样的做法更加吸引人，是能够让全体参加者泪流满面的感人场面"。因此，如何彻底利用现有资源达到这种效果？如何将自己描绘的愿景变为现实？这些都是考验一名领导者是否具有真正价值的标准。

Tip 12 ——　作为宴会主办者，要提前主动预约宴会结束后可以继续 happy 的场地。

13　宴会的小节目要做到"简单明快""爆笑""愚蠢"这三点

宴会中小节目的使命就是"ice break"。所谓"ice break"直译过来就是"破冰"。意思就是说,让刚开始冰冷凝固的气氛变得温暖缓和。与初次见面的人或者是平时不善言谈、很难搭话的人聊天时,如果能够成功"破冰",那么将会为你们的对话营造出一个很好的氛围。

为了能够达到破冰的效果,小节目所具备的要素主要有三点。

首先一点就是"简单明快"。如果节目过于复杂，观众会因为看不懂而觉得时间过得慢，从而中途就会感到厌倦。好的节目一定要在刚开始就给人那种**"啊！我懂了！"**的感觉。

其次就是能够**"让大家爆笑"**的节目。比如说，你一边弹着吉他一边唱着"我弹得太好了"之类的表演。也许你真的可以弹得很好，但在节目中一定要故意弹得很差，这样才能达到爆笑的效果。自古以来，能够让人们敞开心扉的就是"笑容"。通过瞬间的爆笑，来驱散沉闷的空气，让人们脱下平日里那厚重的盔甲。

最后一点，让大家善意地觉得"真蠢啊"，也就是在节目中加入蠢笨的要素。**无论谁看到"愚蠢"的事物后，都会想与他人分享。**如果能从"这可真够蠢的了"开始对话，那就会达到破冰的最佳效果。

我在关西参加一个有关宴会节目的研讨会时，观看了在结束酒会上几名志愿者表演的"一个动作就能让人发笑"的节目。真不愧是关西人，这些勇士们都争先恐后自信满满地表演了高水准的节目。在场的观众也不断称赞"果然厉害"。

其中让我印象最深刻的是，一名看似不太擅长参加宴会、被强迫推上台的男性表演的名叫"鸡胸"的节目。节目一开始，那个人就说道："我有鸡胸……"，他的搭档很惊讶地用手按了一下他的胸部，这时，他突然发出鸡叫的声音。就是这样一个很无趣的节目，表演者也很笨拙，而且创意还是别人用过的。但是，在场的观众还是一边抱怨着"好无聊啊""真是太蠢了"，一边却哈哈大笑。

就节目本身和表演者而言，水准都不如其他人表演得高，但是，它却是一个破冰度很高的节目。

就像在本节开始时我所说的：宴会小节目的使命在于"破冰"。因此，**节目本身应该追求的并不是"原创性"**，而是"简单明快""爆笑""愚蠢"这三点。而"鸡胸"这个节目正具备了这三点要素。

最开始尝试表演节目时，即使盗取别人的创意也无妨，只要满足这三点，就可以当作一个"看家本领"不断进行练习。

"掌握一个小节目，可以帮助自身"，这里的"自身"指的不仅仅是自己，还指那些在空气僵冷的宴会中不知所措的"参与者"们。宴会中的小节目具有魔法，它会让参加宴会的所有人都能拥有一个愉快的好心情。

Tip __13__   **"你的表演可真笨拙啊"这句话是最高的夸奖。**

14　帮助新人一起筹划表演

　　刚进综合商社的那一年，我有生以来第一次被正式命令在所属部门举办的年终聚会上表演"新人节目"。当时真的是不知道该表演什么？表演到什么程度才好？甚至有种走投无路的感觉，但是，最后却顺利地完成了表演。这还要多亏坐在我旁边的那位前辈的帮忙。

　　那位前辈不仅和我一起思考表演什么节目，还化上妆十分认真地配合我一起演出。具体表演的内容是：我模仿当时大受欢迎的安室奈美惠在《CAN YOU CELEBRATE》里的形象，穿上婚纱，而前辈模仿她以前交往的男朋友 SAM，将脸都涂成了黑色，我们两个人一边唱着结婚进行曲，一边入场。

后来，我在不断地帮助新人筹划"新人表演"的过程中才体会到，当初那位前辈对我的指导真是太正确了。

新人表演的要点，除了上一节提到的宴会节目要"简单明快""爆笑""愚蠢"之外，还有两点。

第一点是，**角色扮演**。哪怕是全身穿上紧身衣、穿女装都没关系。总之要穿一些奇怪的东西，让自己变个模样。大家平时看惯了穿的清爽、每天都很认真的新人们，突然看见他们穿着奇怪的衣服，这本身就会成为一个笑料。同时，角色扮演会麻痹新人自身的羞耻心。有了奇怪的装扮，也就慢慢地变得不那么害羞了。至今，已经有许多位新人都进行过角色扮演的表演，无不让人捧腹。

另外一点，就是要**借助前辈的力量**。新人的表演很难令人开怀大笑的难点就在于大家还没有习惯新人。不熟悉的人表现的搞笑节目和经常能让大家捧腹大笑的老面孔的表演，对于观众来说，接受程度是不同的。如果出现了平时熟悉人的面孔，观众会更容易开怀大笑。因此，前辈对新人的援助是很有必要的。

我学习那位前辈，一直认真地配合新人们的表演。举一个例子，那是我陪一名叫作赤井的新人表演节目的时候。因为他叫作"赤井"，所以就让他穿上了红色的紧身衣裤。这样，平时感觉有些天真，不喜欢直面问题的赤井君也全身心地进入了"表演模式"，十分有干劲。而我作为赤井的搭档，彻夜地想出了"赤井的豌豆花"这一节目，并且自己也穿上了白色的紧身衣裤和他一起表演。

"赤井的豌豆花"利用了松田圣子的"红色的豌豆花"的曲子，替换了里面的歌词①。我们两人非常投入地唱着这首歌，最后的那句"红色的、豌豆花~"我们改唱为"赤井、一口气吃掉蛋糕……"，唱完，赤井君便一口气吃掉了一块蛋糕。"简单明快""爆笑""愚蠢"再加上角色扮演和前辈的陪同，这个节目成为了一个让观众捧腹大笑的最佳节目。

周围的人经常问我："为什么都这么大岁数了，还和新人一起表演啊？"我的理由是：和新人一起表演，是一名前辈应该做的。这不仅因为我就是在前辈的陪同下进行的第一次宴会表演，更因为我在这个过程中学到了十分重要的东西。那就是——宴会文化："前辈积极带头，代代相传"的这种精神。

哈佛商学院教导我们，对于一名领导者来说，建立可持续发展的商业或组织，才是最重要的事情。就像一个天才歌手的唱片偶然达到了百万的销售额，这种不叫作商业。而商业应该建立具有"重现性"的结构。换句话说，就是**领导者应该以建立能够为顾客持续提供附加值的组织为目标。**

对于宴会来说，也是一样。一场好的宴会不仅仅在于自己成功扮演了一名好的主办者，或者是宴会进展得很顺利这些。而重要的是，能够将自己从前辈那里学到的社交宴会及宴会文化经过

①因日语中"赤井"的发音与"红色"的发音相同——译者注。

自己的改良，传承给后辈。

教给别人东西，对自己来说也是一种学习。如果你没有反复的实践经历，就无法告诉他人经验。如果你不能理清自己的经历，你所说的话也不会具有说服力。而且，通过教导他人，你还会有新的发现，在今后的工作生活中得以应用。

在社交宴会传授与继承的过程中，会让前辈和后辈更加团结。这种团结可以加深组织的信赖关系，从而构建出一个真正强大、令人骄傲的组织。

Tip 14 "虎死留皮"，主办者应该将宴会精神留给新人。

15 要想办好宴会，你先要有数学头脑

　　举行室外烧烤派对（barbecue，以下称作 BBQ）时，进行完派对开始的干杯之后，接下来就是重头戏烤海螺了。可是参加 BBQ 的有八个人，而炉子上只能放六只海螺，如果是你的话会怎么办呢？

　　如果是我，我会先大概计算一下。海螺烤熟大概要多久？从以往的经验来看，不会那么快就熟。假如按"十分钟"算的话，最开始的那六只需要烤十分钟，之后烤的那两只也需要十分钟。

这样计算一下，八个人都吃到海螺的时间就需要二十分钟。

另外，熟得最快的是牛肉，但那是主菜，应该稍微晚一点烤。其次熟得快的就是烤香肠，大概五分钟就会好。那么就可以利用烤香肠，高效率地使用空间。无论怎么烤，海螺都要分两轮才能让每个人都吃到。因此在第一轮的时候，放上四个海螺和十六个香肠，五分钟之后香肠烤好，再放上杏鲍菇。第二轮的时候再放上剩下的四个海螺。

这样，在最开始的五分钟，大家就可以每个人吃上两只烤香肠。再过五分钟，四个海螺就会烤好，本着"女士优先"的原则，可以先分给女士。过几分钟后杏鲍菇就会烤好，再等一小会儿，剩下的四个海螺也就会到男士的手中了。

我会在十秒钟以内将以上这些考虑好，然后马上开始行动。而笨拙的主办者可能会让大家饿着肚子等上十分钟、二十分钟。这个"BBQ烧烤顺序"虽然只是一个例子，但是它却考验了主办者利用数字把握所有现象的能力。

宴会操控方面最重要的是，**用数字来管理所有事物的能力**。在提前去看场地的时候，就要看看店里马桶（不是厕所，而是马桶）的个数，对于女性参加者来说数量是否足够？上菜时间平均一个要多久？酒水随便喝真的划算吗？这些都要作为选定场地的要点来衡量。另外，在派对举行的当天，各种菜品之间的时间平衡，例如，需要点几个肉串套餐？点几个下酒菜比较妥当？等等。这些都需要换成数字来考虑。

举个简单的例子，在超市等待结账时，一边是购物车里装了许多东西，但只有三个人排队的收银台；另一边是购物车里几乎没装什么东西，却有十个人在排队的收银台。大家会选择哪一边呢？一般根据直觉，大家可能会认为三个人那边好像会快一些，因为每一个人收款的时候都需要花费一定的时间，因此十个人那边花费的时间当然会更久一些。然而，真的是这样吗？其实，这也是可以用数字来计算的。需要计算的"时间"只有两个，一个是商品被读码的时间，另一个是收款所需要的时间。掌握这两个时间，你就可以算出哪个更快了。

在其他方面，比如吃牛肉饭的时候，计算一下拥有十二个座位的牛肉饭餐馆，一天可以接待多少人？等等。试着在日常生活中用数字来考虑各种事情。这样日积月累，你就会熟练地利用数字来衡量行动所需的时间了。而且，应用这一能力还可以消除在操控宴会等方面出现的延迟现象。

作为一名宴会主办者，对待所有事物都能够用数字来考虑，是一种很重要的能力。当然，作为一名商务人士这也是必不可少的。

对所有事物都必须用数字来把握的最大理由是，因为**事情在运转过程中一定会出现"瓶颈"现象**。所谓"瓶颈"意思就是瓶颈口状态，是使事物进展变缓的因素。

例如，一家比萨店，因为比萨炉大小的制约，一个小时只能烤出十张比萨。无论比萨的原料有多好，员工的速度有多快，这家店的生产能力始终还是"一小时十张比萨"。如果把比萨炉比作瓶颈的话，如果不增加比萨炉，这家店的生产能力就不会有所提升。由此可见，要想正确地把握和改善瓶颈状态，用数字考虑事物的能力是必不可少的。

在宴会中，用数字来把握一切，可以避免点菜时发生的时间延误。但是，宴会中最大的瓶颈其实并不是这些事物，而是"人"。你本想要举办一场"让参加者全体成为主角"的宴会，却偏偏有人想独领风骚。这样的人，无论谈到什么话题都会往自己身上揽。如果他开讲了，其他参加者就很难有开口的机会。这就是所谓的**"对话瓶颈"**。

如果你用手表计时的话，会发现那种人占用了惊人的时间。当然，我们也不能制止这样的人开口讲话。为了能够让他也尽情地享受宴会，又不耽误其他参加者，我们必须在座位安排上和游戏分组中做好功课。比如让他坐在主办者旁边，频繁地引起他人的话题，来调节气氛等。人际关系中的瓶颈状态是不可避免的，我们一定要想办法消除瓶颈。

Tip 15 —— 宴会上的啤酒瓶因为需要频繁更换，会成为时间上的一个瓶颈状态。

16 "民主" "为共同目的打拼" 的团队是最强的

哈佛商学院史上最大规模的校外考察旅行就是一百四十名学生周游日本十天的那次"日本实地考察之旅"。在那期间，我们每晚都举行特殊宴会，并取得了非常大的成功，以至于成为哈佛商学院的一个传说被广泛流传。如果追问其成功的原因，那应该就是："最强的团队合作"。

考察团的领队、国际商务公司的贸易天才"雄介"、在综合商社工作的超级宴会王"纪美"，还有学校里性情最好的"小竹"，这三个都是冠军级别的国际宴会专家，加上在网上经营生命保险建立了传说中风险投资公司的杂家"大介"和营销触觉特别敏感的两位美女"绫濑"及"纯子"，以及日本最高学府东京大学毕业的、在中央政府机关工作的两位男士"小梅"和"五木"。这些人组成了最强团队。他们满足了那些要求水准极高的同学们，将日本的魅力发挥到了极致。

但是，并不是把所有优秀的人聚在一起，就一定能够取得成功。巨人队①也输过好多次比赛，皇家马德里队也不是战无不胜。如果优秀的人们只按自己的想法去做，没有沟通合作，就算聚集在一起那也是无法取得胜利的。以团队为中心，这才是胜利的最重要条件。我们的团队具备了三个"最强团队的条件"。

2012 年 9 月那一期的《哈佛商业评论》中关于"组建最强团队"的问题，企业管理专家伊贺泰代，写了一篇题为"想要创造像麦肯锡那样的最强团队，就必须要求全体成员都具有领导力"，并介绍了最强团队的两个条件。

第一个条件是，**"团队是否具备能够让成员敢于直面争执、认真进行讨论的环境。"**也就是"创造出能够自由发言的氛围"。

哈佛有一个著名的案例研究，就是 1996 年"探险咨询"和"疯狂山峰"两个公司组织的那次使五人丧失生命的珠穆朗玛峰登山事件。那次事件之后，有许多人从各个角度论证了事件的原因。但是大多数人都认为这个事件没有一个明确的原因，是由许多复

①译者注：日本著名棒球队。

杂的连锁失败而导致的。

其中一个很大的原因是"团队没有创造出无话不说的氛围"。像那种国际团队竟然没有很好地在团队中进行"破冰"，而且导游在团队里又过分地强调排列，因此阻碍了团队里的活跃讨论。在团队里无法说"真心话"成为发生这个悲剧的最大因素。

第二个条件是，**"全体成员在作为团队成员的同时也是团队的领导者"**。这就是要求团队中的每一个人，即使就剩下自己孤军奋战的时候，也要保持对达成目标的强烈责任感和当初的承诺，并用实际行动来证明。

歌德名言中有一句话"如果一个人不尽全力去举起一块重石，即使再多几个人也举不起这块石头"就是这个道理，只完成被吩咐的工作，这样的团队不是一个最强的团队。团队中的每一位成员都是领导者，自发地行动，这才是作为一个强大的团队最应该具备的能力。

我认为还有一点，对于团队来说也是很重要的。那就是，**团队中的每一个人都要真正理解我们所做这些的目的**。我们是为了什么做这些努力。这一点，每一个成员都要有一个彻底的理解。

这就像对于石匠们来说，他们工作的时候脑子里想着"我的工作就是打造石头"和"我的工作是建造教堂"。这两种想法下的工作方式会截然不同。为了什么而工作？是否理解这点，关乎团队所有成员的行动方式。

我们这几个日本同学之所以能组成最强的团队，首先是因为我们能够自由地进行讨论，其次就是，我们每一个人都以一个领导者的态度在行动。大家都把"一定要让我们亲爱的哈佛同学们体验到美好的日本宴会文化"这简单而炙热的目的铭记于心。

宴会也好，工作也好，团队中有自由讨论的氛围，每个人都有领导者的意识，这样才能让大家都能更好地行动。而且，拥有一个共同的目的，会让这个团队变得更加强大。将团队无形化而取得的胜利才是最高的胜利。因为有人和你并肩作战，所以你会更加努力，与一起品尝胜利美酒的人成为真正的伙伴，这样才会使人生变得更加丰富多彩。因此，请一定要试着组建自己的最强团队。

Tip 16 —— 咖啡和甜品可以为会议营造和谐氛围。

17 给宴会设计一个主题曲

以上我为大家讲述了对于一名领导者来说，重要的事情有：描绘自己的"理想"并去"实行"，追求细节的完美，以及在实行的过程中为实现理想要灵活运用一切资源。除此之外还有一点必不可少，那就是**将自己的理想"简单易懂"地传递给他人**。

例如，美国总统为了能将信息简单易懂地传递到听众的内心就下了不少功夫。因为，能将所传达的东西深入人心是一件非常难的事情。奥巴马总统在选举演讲的时候，就曾反复呼喊

"Change！（改变）"和"Yes，We can！（是的，我们能做到）"这两句话。**与其将复杂的信息大量地直接传递给听众，不如将简单、能够打动人心的话语重复几百遍直至人心。**这样你的理想才更容易让别人理解。毕竟，再好的理想，不传递给他人也是毫无价值的，不打动人心也是毫无意义的。

作为一名宴会主办者，有一个有效的办法可以将自己关于宴会的想法准确地传递给全体参加者，那就是"主题曲"。

在哈佛商学院的那个暑假，我们带领一百四十名同学来到日本，进行日本实地考察的时候，我们几名主办者的理想就是"一定要让我们亲爱的哈佛同学们体验到美好的日本宴会文化"。我们"想让大家感受到宴会之国·日本宴会的灵魂"；想让大家了解，其实"日本人除了认真勤奋体贴人的一面，还有在宴会上那种热情奔放的一面"。于是我们决定将此次日本行的宴会主题定为"深度日本宴会之夜"。

但是，问题是如何才能将此主题传递给大家？当然，我们可以通过每晚的宴会告诉大家。不过，重要的是"我们要将这个主题一刻不离地附加在主办者和与会者的身心，让他们每晚都能强烈地感觉到"。因此，我们决定制作一首"主题曲"在宴会中播放。

对于有五十人以上出席的大型宴会来说，"主题曲"是将理想传递给大家的有效工具。**宴会会被"主题曲"的"气氛"包围，歌曲所表现的氛围会充满宴会的每一个角落。**

"音乐"这个表现方法是十分强大的。只要你不堵住耳朵，它就会输入你的脑海。而且，一首有节奏的音乐会让你有所触动，感动你的内心。一首明快的曲子会让你心情变得晴朗。总而言之，音乐是能够感动人心的强大武器。

因此，我们没有理由不利用音乐。在"日本游"中，我们绞尽脑汁，最后选择了乡广美的《两亿四千万的眼睛》。这是一首所有日本人都知道的红极至今的歌曲。而且，副歌部分还有"异国风情的日本"这句歌词。能够表现出深情、妖艳、具有节奏感的日本夜晚，非这首歌莫属。

我们不仅将这首歌的一部分歌词换成了英语，全体主办者都随着音乐跳舞，而且在每次宴会的时候当作主题曲播放。在日本逗留的那十天，所有外国客人的内心都被这首歌曲俘虏了。以至于每当这首歌曲响起的时候，大家就会条件反射般感知到"深情的日本夜晚即将开始了"，于是会自动切换到宴会模式。

宴会主办者作为一名领导者，必须有效利用像音乐这样各种形式的表现方法将"自己创造的理想"准确地传递给每一名参加者。请不要忘记："**不将自己的想法传递出去，它就没有任何意义。**"

Tip 17 以"我是本想传递给大家的，但是……"
为借口的人，难成大事。

专题2　接待外国人的小技巧

　　我在哈佛商学院读书的时候，经常会招待外国人举办家庭派对。在这过程中，我总结了几点"招待外国人的技巧"，在这里告诉大家。

1. 首先要询问他们可以吃什么菜

　　外国人当中偏食的人、因宗教信仰而不能吃某些东西的人和食物过敏的人的数量多得让人感到惊讶。因此，为了能够让大家都能享受美食，必须提前询问大家什么东西不可以吃？想吃什么？尤其是很多外国人认为，如果被日本人邀请的话一定就是吃寿司（也就是生鱼片），所以必须要在事前跟大家打好招呼。

2. 要记住来宾家人的名字

日本人在很多情况下都不直接称呼他人的名字。例如"您太太最近好吗？"这样。但是，在外国，明明询问了他人的名字，却还用 He 或者 She 来称呼对方的话，会让人认为"你没有记住名字"，是种不礼貌的行为。因此，如果你曾询问过来宾家人的名字，那么，在宴会开始前就要预习一下他妻子及孩子的名字，以便在当天能直接叫出来。

3. 要确保开胃菜的时间

日本的家庭派对，一般都是坐下来的瞬间就开始上主菜。但是，在招待外国人来参加家庭派对的时候，最好能够创造出"开胃菜"的时间。如果可以，请安排在与吃正餐不同的空间。让大家一边吃着"开胃菜"，一边手握酒杯开心地聊天。外国人在参加派对时，会有很多人不按时来，因此应该尽可能地调整出开胃菜的时间，用来配合大家。

4. 在餐具垫的下方写上来宾的名字

餐具垫不要准备现成的，要用大点的白纸，上面用毛笔写上来宾名字的汉字，那样来宾会很高兴。例如，来宾的名字为"Anita"的话，就用汉字写上"亚仁多①"。这样的话，可能来宾就会问"这是什么意思？"于是，话题便就此展开了。而且，这样的餐具垫

---

① 日语发音与 Anita 相同——译者注。

可以当作一个不错的纪念品让来宾带走。

5. 如果有烤章鱼丸子的机器就最好了

在招待外国人的时候，威力最大的当属"烤章鱼丸子的机器"了。大家一边不停地翻滚着章鱼丸子，一边吃，气氛会相当高涨。"章鱼丸子酱料"的那种又甜又辣的浓厚口味和日式沙拉酱的温和口感征服了许多外国人。另外，如果不加章鱼的话，一些素食主义者还会放入奶酪用来进行特殊加工。而且，可以利用烤章鱼丸子的机器来填补开胃菜时间。在客人们火热地烤章鱼丸子时，你就能够利用这段时间来准备主菜。

6. 利用海苔卷来一个"迷你料理教学"

作为主食最好的便是手卷寿司。无论有什么材料都可以做。不喜欢吃鱼的人可以拿烤肉当材料，还可以放入蔬菜。你也可以建议放入外国人眼中"坏了的豆子"——纳豆。另外，在做海苔卷的时候，可以当作一个"迷你料理教学"演示给大家看。因为很多外国人都不知道海苔卷的做法，如果你教给他们，他们会非常高兴。我曾教给一位拉丁朋友海苔卷的做法，从第二天开始，他每天的便当几乎都是海苔卷。

与外国人的聚会是个未知世界。百分百完美地应对是非常困难的。但是，如果什么都按他们的习惯做，又会缺少许多乐趣。因此，用日本的待客之道来接待他们也不是一件坏事。

其实，最重要的还是"诚意"。只要有诚意在，就不会出现什么问题。对方当然知道来参加派对就会接触到文化的差异。**与**

其说他们期待完美的接待，不如说他们更是为了体验这种"差异"而来的。我们只要拿出自己的"诚意和真心"，无论接待什么样的外国客人都没问题。关键是要尝试。当你组织这种家庭派对的数量增多之后，你就会真正体会到其中的乐趣。

18　用真诚的握手和大方的亲吻来掌控现场

人才育成公司的一位超级业务女士曾经对我说过这样的话：

"（在企业进修中）进修最开始的时候，如果讲师稍微紧张了一点、表现出了不自信的一面，那么这个讲师就会失去向心力，进修就不会进展得很顺利，甚至会陷入失败的危机。"

我想这点在宴会中也是一样。在外国，特别是欧美那边，人们见到认识的人都会互相握手。和异性见面的话，还会一边拥抱，一边在脸颊发出亲吻的声音。

遇到这种场合，忸怩地畏缩是绝对不可以的。如果对方是男性，就应该紧紧地与他握手。对方是女性的话，就不要用力，应该适度。亚洲人几乎没有关于握手的文化，也没有如何握手才是最好的这些观念。但是，在与人交往的时候不可避免地会碰到许多习惯握手的人。

　　特别是男性之间握手的时候，一定要掌握好力度。**如果只是伸出手轻轻地一握便松开，会容易给对方一种你"很弱"或者"很嫩"的印象。**同样，与异性见面时，不好意思亲吻脸颊，也会让人怀疑"这个人可靠吗"。

　　握手和拥抱以及亲吻脸颊，都是身体接触的行为。这样可以缩小彼此的距离感并表示出友好，更可以看作用身体语言在说"见到你真好"。如果抵触这些行为，会在对方心里烙下"这个人不怎么样""这个人还不成熟"的印记。

　　为了不造成这种误解，而且可以在初次见面的时候就体现出自身的存在感，一定要正确地与他人握手，要大方地亲吻异性的脸颊，用这种从容的态度来对待他人。

　　人们常说，第一印象很重要。当然，对于第一印象来说，穿着方面很关键，但是更关键的是与对方的**"第一次互动"**。最初见面时的笑容、眼神、交谈的内容、最初的握手与拥抱，等等。通过这些，人们会对他人形成一种"先入观"。会在脑海里无意识地形成"他是这样的人啊"这种印象。这就是所谓的第一印象，一旦形成便很难再改变。

对于宴会主办者来说，第一印象也很重要。没有自信的主办者是无法对现场进行掌控的。联谊活动中也是一样，如果你扭扭捏捏，大概不会有女士看上你。尤其女性对男性是否有自信这点具有敏锐的观察力。她们对没有自信的男人当然会很轻蔑。一旦进入这种状态，无论你表现的多么有诚意，对方可能都不会理睬你。

在日本，握手、拥抱和亲吻脸颊的场合并不是那么多。因此借此来当作第一互动的机会也就不太实用。那么，我们应该借助什么来给别人留下好印象呢？

第一，就是笑容。**充满自信的笑容**是非常重要的。缺乏自信心的人要进行特别训练。一般来说，没有自信的人都是没有认真努力的人。**自己在镜子前练习一千次笑容，这样你就会变得有自信了。**而且，你会发现一种最适合自己的笑容。

当你与人见面时，脸上挂着充满魅力的笑容，你会发现你能更加从容、更有自信地度过宴会的愉快时光。所以，请一定要练习好你的笑容。

Tip *18* 当两人互相凝视时，笑着对对方眨一下眼……

19　宴会迟到是非常不好的行为

　　无论是职场的宴会、私人聚餐，还是联谊会，这些宴会中肯定会有迟到的人。也许会有很多人认为："也就是一场酒席""大家在一起玩一下而已"稍微迟到一点没什么。但是，宴会也好，联谊会也好，都是"预定好的事情"，不会改变。因此请一定不要迟到。

　　最好是提前十分钟或十五分钟到达。我一般在有重要接待的时候，都会提前三十分钟到达，在附近的咖啡厅喝一杯咖啡，一边等，一边细心地观察是否有来宾前来。

无论是"酒席""大家在一起玩"还是"私人聚会"，都要严格遵守时间，礼貌地按时到达。这才是一名真正"能干"的商务人士所应该做的。相反，**在聚餐中不按时来的人，很有可能会被认为是不守信用、不能信赖的人。**

这样的人，不难看出，在工作方面也有这个"坏习惯"。要么总是在上班时间的铃声响起时才进入办公室，要么就是在马上要迟到的时候进入会议室，复印的文件数量不够、资料上交日期总是拖延，等等。这种没有"先见性"的人，一般会被烙上"匆匆忙忙"的印记。相反，具有先见性的人，会将所有的事情都设想好。**打好提前量、加快工作速度，这样才会拥有做大事的机会。**

在我刚入公司时被分配的那个部门，有一个前辈，每天早晨都是 7 点 20 分就来到公司，在大家来上班的时候，他已经把工作都基本完成了。对于时间匆忙的客户，他一大早就可以去见对方，并且在中午之前就能够决定重大的商谈。下午，他会有充足的时间来考虑新的企划，并进行信息收集，做更重要的工作。这样的人，无论是参加晚上的派对还是其他活动，一定都不会出现迟到的现象。

另外，如果给人留下了"连理所当然的事情都做不好"的印象，就会在不知不觉中被人冷落。被认为没有做大事的实力，被反复安排单调的工作，从而陷入陀螺的状态。**无法做好"理所当然"这种小事情的人，永远都得不到周围人的信赖。**

大家有没有想过，为什么联谊会上总会有迟到的男士？其实，在联谊会上迟到的男士都是"胆小鬼"。因为，联谊刚开始的那几十分钟是特别艰难的。这些初次见面的男女，必须想方设法让氛围变得轻松。不然，很可能会变成整晚都很安静地聚餐。

因此，有的男士就会等过了这个"恶魔时间带"，当气氛高涨到一定程度的时候，借口"工作忙"而晚来，而且屡试不爽，**这实在是一种卑劣的行为**。这样的人给男士队伍带来了很大的麻烦。因为在最艰难的"恶魔时间"缺少了一名并肩作战的伙伴，从而让大家陷入了更艰难的境地。

在联谊刚开始的时候去暖场，确实是一件不容易的事情。但是，如果能够多积累几次这样的经验，你的宴会社交能力一定会有质的飞跃。而且，在此期间，你还可以与第一印象不错的异性进行积极的对话，从而获得一定的地位。因此，在联谊中，"为了自己"也"为了你的团队"请一定要准时到达。

Tip 19   与客人见面时，请提前十五分钟行动。

20　宴会中绝对不要摆弄手机

我在哈佛商学院读书的时候，有一名叫作布朗·奥塞斯的男性朋友。他是一个外表清爽、脸上总挂着笑容的优秀男士。毕业后，在美国政府为重建某汽车公司而召集社会优秀人才建立的梦之队中，他被选中且担任领导者。

布朗还是一名派对达人。在宴会中谁都想和他说几句话。但是，这样的他，其实并不是一个十分会聊天的人。回想以往的时光，他好像都没有说过什么令人爆笑、记忆深刻的话（笑）。

但是，大家都很想和他说话，都想与他谈点什么。这是为什么呢？原因就在于他那认真的眼神。他那种一直挂在脸上的笑容和全神贯注、不想错过任何一句话的态度，让所有倾诉者都能对他敞开心怀。

相反，头脑聪明会说话的人通常却不那么受欢迎。因为，他们在与别人谈话的时候，注意力总是会四处分散。时而看看入口处有谁进来了，时而听听旁边人的对话，时而看看手机……

因为"人都是渴望为他人所知的"，所以在自己说话的时候，或者在同一个空间与他人共享某些东西的时候，对那些东张西望、注意力不集中的人特别敏感。可能因此会想"是不是对我说的话不感兴趣啊？"而一下子失去了与之谈话的动力。**那些与他人对话时，不集中注意力的人，渐渐地就会变得不受大家欢迎。**

工作上也是如此。对眼前的事情无法百分之百集中精力的人，会因为不能全力以赴地工作而难以得到他人的信赖。因此，把注意力全部集中在眼前发生的事情上，这点很重要。

在宴会上也一样，请全力以赴一直到宴会结束。为此，在宴席中，如果没有特别的事情，请将手机电源关闭。不是换成震动模式，是果断地关掉电源。

在公司的聚餐、私人聚会、联谊会上都要这样做。如果你想受到别人的欢迎，就请先关掉电话吧。

有些人经常会摆弄手机，时刻注意邮件的提示音。他们本人可能会觉得"因为我是工作繁忙的商务人士，所以没办法啊"。

但是，来到酒会上，还时刻关注手机，对于这样的人，其他来宾不仅不会觉得他工作能干，反而会认为"**把工作带到酒会上的人，是无法掌控自己工作的人**"。

其实这个问题的最关键之处在于，这是一种"缺乏诚意的态度"。宴会是将平时都很忙碌的大家好不容易聚集在一起的时间。在这样的时间里，不将全部的注意力放在宴会上，而肆意地让注意力四处飞散，这样的态度就是缺乏诚意的一种表现。对于宴会主办者来说，这点尤其重要，这代表着你的"待客之心"。**全身心地应对宴会，是一种礼貌的表现。**

另外，要注意，手机有时会造成不必要的误解。例如，大家谈论去夏威夷旅行的话题时，会涉及"最近去夏威夷旅行要多少钱啊？"之类的对话。这时，有的人就会热心地用手机上网查询价格。他本人当然是想将查到的内容与大家分享，但是，周围的人并不知道他在做什么，反而会认为他不参加大家的对话，而"在与外界的人通信""注意力跑到了别的地方"。

而且，如果"总看手机"这个行为出现在主办者身上，那就更麻烦了。一个注意力散漫的人组织的宴会，慢慢地就会变得七零八落，摆弄手机的人会不断出现。在参加者与外界沟通增多的同时，"宴会的向心力"也在变低。

如果不是在等迟到来宾的联络，不是工作上有什么急事，就请记得一定要关闭电源。**无论如何必须用手机的时候，请在别人看不到的地方使用。**

"不好意思，我在等一个非常重要的电话，所以将手机设在了开机状态""我查一下最后一班电车的时间"，像这样明确地将"我并不是将注意力分散到外界"的信息传达给周围的人，是作为一个社会人士所不能缺少的"诚意"。

Tip 20　必须用手机的时候，可以到洗手间使用。

21 对待宴会中的女性要像对待"公主"一样

宴会中,女士是不可替代的"花朵"。想象一下,如果只有男人们在喝酒,那当然也是个很愉快的宴会。但是,哪怕只将一位女性带入其中,气氛就会一下子变得华丽多彩。因此,女士就要像"花朵"一样被精心对待。这点在公司和学校的宴会,以及联谊会等宴会中都适用。如果女士们能够放松地享受宴会,必然会使气氛高涨。宴会很容易成为男士们的独角戏。但是,**让女士们勉强参加、忍耐般度过的宴会,谁都不会开心。**开心的也许只有那些喜欢看美女的大叔。

　　能让女士们放松愉快的重点有两个。一个是"照顾"，另一个是"话题"。"照顾"也就是"女士优先"的精神。对待女士要像对待公主一样。例如，在开始点菜的时候，将酒水菜单最先递给女士。当然，菜品的菜单也要摆在她们看着方便的地方。虽然可以理解主办者想让大家首先进行干杯而给每人都点一杯生啤的急切心情，但是，**不要勉强女士喝"生啤"**。在选择酒水方面，要尽可能慢一点。如果时间紧张，主办者可以亲自去帮女士们挑选。

　　如果有哪位女士即使不太能喝酒，但还是勉强点了杯鸡尾酒，一定要在同时帮她点一杯水。对餐厅的工作人员说"再来一杯水"的时候，要若无其事地问她"可以加冰吗"，很多女性都不太能吃凉的东西。因此，问一句"要不要来点热饮？"会让对方觉得你很贴心。

　　在帮女士点除了含酒精以外的饮料时，问问她是否要加冰块、要热饮还是冷饮这些总是没错的。关于这方面的喜好，可以在联谊会上直接向女性询问。这也会成为一个聊天的切入口，从而使气氛高涨。

　　然而，**有些人认为女性就应该在酒席上为大家分餐具、倒酱油，这种想法很无理**。我认为，那些盛在大盘子里的菜，应该让男性来为大家分盛到小碟子里。而且，在结账的时候，也应该注意倾斜分配。让喝了七杯生啤的男性和只喝了橘子水及乌龙茶的女性拿同样多的金额，这样会很奇怪。在结账的时候应该让女性少拿一些金额。最近，听说有一些公司的大叔喜欢叫上年轻的女性去 AA 制聚餐，这简直太丢人了，请大家不要那么做。如果是差不多年龄的人一起参加联谊会，那么让男性拿六成，女性拿三四成的金额应该是比较妥当的。

另外一点需要注意的就是"话题"。首先，不要讲黄色笑话。其次，如果女性自身不谈起，就尽量不要问对方"有没有男朋友？""有孩子了吗？"这种特别隐私的话题。无论在多么年轻的女性中，还是会有不喜欢谈这个话题的人。对方如果想谈这个话题，你不提她也会说。因此，请不要特意去问女性这些方面的问题。

虽然有些偏离话题，但是我还想说一点。那就是，请尽量避免谈论自己"引以为豪的家庭"。有些人很喜欢谈论自己的恋人、妻子、孩子以及周围重要人的话题。但是，**和你的家人连面都没有见过的对方，听到这些后会不知道该如何回应你。**如果有人在没完没了地诉说自己母亲的优点，那么对方一定会感到不知所措。不停地谈论自己"可爱的恋人"和"可爱的孩子"也是同样。在做自我介绍时，轻描淡写地说一下的程度还可以。如果不是在对方询问你的情况下，请不要像讲故事一样长篇大论地谈论这些。请与对方多谈一些彼此都了解的话题。

对待女性要像对待"花朵"一样，这也是国际准则。所谓绅士风度，就像泰坦尼克号沉没的时候，让妇女和儿童先下船那样保护弱势群体。如果当男性既拥有强壮的肉体又拥有社会权力时，就应该有效地利用这些来帮助弱者。**站在强势的立场，却摆出一副妄自尊大的态度，这样的人是最懦弱的。**无法对女性表现出敬意和爱意的人，就是这类人。真正强大的人，是在自己充满自信的同时又能善待周围的人。

能够创造出让女性尽情享受宴会的氛围，这是作为一名主办者必须具有的"待客之心"和"帮助弱者的精神"，更是充满"诚意与爱"的行为。能让女性开心，本身就是一场成功的宴会。因此，请尽全力地给予她们公主般的待遇。

Tip 21 ——　如果有女性参加聚餐，就尽量避免选择跪坐的坐席。

22　请认真地做自我介绍，可以训练你的快速汇报能力

我的师父经常挂在嘴边的一句话，就是**"一切都要一招制胜"**。

在工作方面，时常被师父提醒"所有资料都要总结在一张'A3'的纸上。"不是"A4"而是"A3"。

综合商社的工作，尤其是有关投资方面的工作，特别复杂。股票出售的收益目标并不是"金融上的投资"，而是通过投资而创造出新商业权的"企业投资"。因此，就必须彻底地对相关市场和相关产业进行调查。

于是，会有非常大的信息量聚集到手中，相关文件的页数也会渐渐地变厚。大多数人会将这些都整理成十几页的PPT[①]，这样就会形成一个"信息摘要板"。但是，我的师父却要求我用另一种方法。

那就是："总结在一张'A3'的纸上。"如果当男性既拥有强壮的肉体又拥有社会权力和对方说明的时候，就使用这张"A3"的纸。无论是向上司汇报，还是和想要结盟的那一方讲解内容，都用这个。用师父的话说就是："在最开始的面谈中，就要拿下对方。"

总结在一张"A3"纸上的理由是，为了制造出"你看，所有重要的信息都摆在你眼前呢"这样的情景。

我们所需要做的，并不是一边翻着手里的PPT资料一边喋喋不休地讲，也不是对对方说"细节部分请大家之后自己读一下"。而是将"A3"的纸放在桌面上，对对方说"所有重要的东西都在上面"。这样，大家就都可以把注意力集中在现场讨论这些重要的东西上。这就是在面谈中"一招制胜"的工作技巧。

当然，一张"A3"纸能写下的信息是有限的。**在有限的空间里，一定要写一些重要的、能够抓住对方注意力的东西**。而宴会中的"一招制胜"，便是自我介绍。

例如，在联谊会上，你的自我介绍是一下子就能让对方对

---

① Power Point 幻灯片——译者注。

你着迷？还是漫不经心地简单地只说一下自己的名字？你心里是不是想着"过一会儿再和大家慢慢地聊，自我介绍先糊弄一下就好了"？我的意思并不是说想让大家花十分钟将自己的优点、辉煌经历都讲一遍。但希望大家至少要用十秒钟的时间，有效地介绍一下自己的魅力。

在宴会上的自我介绍，有两个要点。**一个是向大家展示自己的闪光点，另一个就是有意地露出自己的破绽。**

第一个有关"闪光点"，不能只说完自己的强项就结束。例如，你的爱好是跑步，可以用四个小时跑完全程的马拉松。但是，你不能只是很骄傲地说"我能用四个小时跑完全程马拉松"。你要知道马拉松跑得快，真正代表着什么。是说明你身体素质好？还是说明你拥有这个经验，可以给女性当教练？更或者是说明，你是个无论工作多忙都要保证自己私人时间的人？

如果你只说了"我能用四个小时跑完全程马拉松"，观众们也就是发出"啊——好厉害啊"之类的声音之后便结束了此话题。然而，如果你说的是"即使工作再忙，我也会保证自己的私人时间""我在跑步之前有一套独特的热身运动，叫作'热身魔法'"。这样用心地来介绍自己的长处，会吸引到更多人的注意力。

如果你想让自己闪闪发光，就要彻底地想想自己强项所代表的本质。例如围绕马拉松，说出什么样的话题能够让听众感兴趣？跑马拉松需要具备什么样的优点？根据这些，试着彻底地分析一下自己的强项。

这在本质上与那张"A3"纸是相同的。**自己重要的信息是什么？对方想知道关于你的什么事情？**反复考虑这些之后，再做自我介绍，效果会更好。

第二个关于"露出破绽"，笑容是必不可少的。稍微加入点笑料和自嘲的段子，会给人容易接触的印象。例如，我的姓氏是"儿玉"，我会这样介绍自己："我叫儿玉，汉字是鹿儿岛的'儿'……"

当我说到这儿的时候，参加者们可能就会心想"好烦琐啊！""为什么突然说'鹿儿岛'？"但是，这样看似有点呆呆的形象，会给人一种很随和的印象。在此之上，再一下子说出自己的闪光点，就会一瞬间提高大家对你的关注度。参加者们一定会很想和你聊天。就像在工作中的目标是一招制胜一样，在宴会中也要认真地做自我介绍，要经常考虑如何才能表现出自己最佳的一面。

说点题外话，"有效简洁"地介绍自己，这点与"电梯演讲"有很大的联系。所谓"电梯演讲"，经常被美国商务界运用。当你有幸在电梯里遇见公司的高层、投资家或者是掌握商业机会的人，要在与他们一起乘坐电梯的几秒钟时间内，将自己的事业、自己的商品信息有效成功地传递给对方。

在三十秒这极其短暂的时间内做一个吸引人的演讲，这就要求你对事物本质有一个彻底的把握。**从俯视的角度，纵览整体的**

构造，深入细节，展望全局。只有反复地进行这一系列的分析，

才能理解本质，挑选出"什么是无关紧要的，什么是至关重要的"。

Tip **22** 不能很好地推销自己的人，也不能很
好地推销商品。

23　无论有多少人，都能记住他们名字的小招

　　记住别人的名字，是工作的基本。没有比"记住对方名字"更能表现出"诚意"的事情了。与他人第一次见面，第一件应该做的事情就是记住对方的名字。人们对记不住自己名字的人，不仅会失去兴趣，甚至会觉得他"头脑转得慢""没有工作能力"。

　　另外，聚餐时，在大家都进行完自我介绍之后，如果能够准确地记住他们的名字，并在接下来的时间里，对坐在很远的人说："松岛先生（小姐），能把酱油递给我一下吗？"对方就会觉得："啊，

这个人记住我的名字了"，从而对你产生好感，不仅是他，周围的人也会对你产生"这个人真细心"的印象。

而且，人们对待在短时间内通过自我介绍而记住自己名字的人会格外用心。这是理所当然，因为"人都是渴望为他人所知的"。**因此，人们会觉得，很快就能记住自己名字的人"可能对自己的事情感兴趣""可能会愿意倾听自己的诉说"**。当对对方抱有"可以和自己进行对话"的期待感时，彼此的距离感就会一下子被拉近，从而就能够顺利地进行交流。但是，在与很多人见面的时候，瞬间记住他们每个人的长相和名字，是一件极其困难的事情。如果是在白天的会议室里，每个人面前都放着自己名字的标牌的情况下，还能想办法记住。但是，在派对或者联谊会上，和那么多人第一次见面，必须在瞬间就将他们的长相和名字刻进脑袋里，真的是一件非常不容易的事情。另外说一句，我的记忆力非常差，不是谦虚，是真的差到了惊人的地步。但是，在宴会中记住别人名字这一点上，我却拥有足够的自信。因为，在这方面我有一个技巧。

例如，在联谊会上，与一位名叫松岛的女性初次见面。你可能会仔细地看着那个人的脸，在心里默念好几遍"松岛小姐、松岛小姐，这个人叫松岛小姐"。如果这样就能记住这个人的名字，相信你的记忆力一定非常好。但是，很可惜，我没有那么好的记忆力，如果我用这个方法，在松岛小姐的下一位"木村小姐（先生）"做自我介绍时，我在心里默念"木村、木村，这个人叫木村……"

的时候，就会想不起来刚才那位是叫松岛小姐还是松本小姐了。

那么，应该如何进行记忆呢？你可以利用"故事绰号"的方法。如果生硬地将松岛这个单词与松岛这个人的长相一起记忆，非常难记。但是，如果让大脑进行工作，灵活记忆的话，就会很容易记住。

如果松岛小姐和女演员松岛菜菜子长得像的话，你可以记做"像松岛菜菜子的松岛小姐"。如果她俩长得一点都不像，那也没关系，如果松岛小姐比松岛菜菜子眼睛大，更适合短发，你可以记做"比松岛菜菜子眼睛大、适合短发的松岛小姐"。这时，在你的大脑里，会将松岛菜菜子的形象与眼前这个松岛小姐的形象交错在一起，从而对"眼睛很大""适合短发"这些"差异"进行作业。**大脑在对大量信息进行处理的过程中，这些具有特点的形象就将"松岛"和"名字"联系在了一起，于是，松岛小姐的长相和名字便深刻地印在了你的大脑里。**然后，当你再见到这张脸的时候，心里可能会突然想"这个人的名字是什么来着"？没关系，看到那双圆溜溜的大眼睛时，你就会马上想起"啊，对了，是刚才那个比松岛菜菜子眼睛大、适合短发的松岛小姐"！

如果参加的人数实在太多的时候，那就推荐你用图解的方法。就是将所有人都记一遍之后，去洗手间把每个人的名字对应的座位都画下来。当你万一忘了的时候，就来洗手间确认一下。

而且，**为记住他人的名字，应该尽可能地多叫几次对方的名字。**也就是说，并不是在对话中只说"你怎么认为？""你要吃这个吗？"，而是要说"松岛小姐，你怎么认为？""松岛小姐，你要吃这个吗？"这样频繁地叫几次她的名字。

在宾馆和飞机客舱中，一流的服务都会称呼客人的名字。因为，称呼名字会显示出对对方的尊敬，而且更具有亲切感。更重要的是，多叫几次他人的名字，有助于自己的记忆。

记住他人的名字是一件非常重要的事情。对于一名商务人士来说，因为记忆力太差就说"我不擅长记别人的名字"，这就如同一位拳击手借口"不擅长用左手出拳"就不出左拳一样。在接触第一次见面的人时，最应该做的就是"记住他的名字"，从这点就能判断出一个人的能力。

Tip 23 　用汉字来记忆外国人的名字。（例：秃顶的 Kebin——"毛贫"①）

——————

①日语发音与那位外国人的名字 Kebin 发音相同——译者注。

24 即使酒量不好也可以成功举办宴会

    我原本是个不会喝酒的人，进入公司以来，经过一系列的"训练"，才算是能喝一点酒。我的师父"东京夜晚怪物君"也不怎么喝酒。和他在一起的时候，一晚上最多也就喝个三四杯鸡尾酒。

    经常有新进公司的员工找我咨询："我不太喜欢喝酒，但是有些场合又必须得喝，怎么办才好呢？"

    在公司聚餐或者接待客户时，很多情况下都不得不喝很多酒。我在刚入公司不久的时候，经常会被客户不容分说地要求喝大量的酒，然后我再去洗手间吐出来。这样的情况有多少次，我自己都已经数不清了。当然，肯定有人就是喜欢这种不停喝酒的派对，酒量好的人会觉得如虎添翼。但是，**如果你认为宴会就是需要喝酒的话，证明你还不是一个具有社交宴会的人。**

我们公司里除了"东京夜晚怪物君"之外，还有一位宴会名人，被称作"东京炸弹小子"。他虽然不属于营业部，却极其喜欢宴会。这位 S 前辈，特别不喜欢喝酒。但是，他在大家还没有进行宴会开始前的举杯时，在刚入席的瞬间便开始引领话题了。他会以最快的速度引爆"话题炸弹"，并一直坚持到宴会的尾声。对于他来说，喝不喝酒都没有关系，他随时随地都敞开着心扉。

这样的人永远都不会抱怨"酒不够喝了"之类的话。敞开心扉享受宴会的人也不会强迫其他人喝酒。真正喜欢宴会的人，即使不喝一滴酒也会很开心。相反，**当你强迫别人喝酒的时候，就会让别人觉得你有"强迫别人喝酒的毛病"。**不喝酒也可以让气氛高涨的能力，应该是每个人都想得到的。

但是，有一点还希望大家注意。虽然上面说了"没有必要喝酒"，但是当你担任宴会主办者的时候，无论酒量有多么差，**第一杯饮料也请点一杯"酒"（特殊体质的人除外），而且要心情愉快地看起来很美味地将它喝完。然后再尽早地点第二杯酒，第二杯酒不喝也没有关系。别忘记再点一杯水。**

为什么第一杯要点酒呢？这是因为，如果主办者或接待的主办方不点酒的话，气氛就不会高涨起来。如果主办者突然说"给我来杯乌龙茶"，会让其他人感觉"这个宴会很没有生气"。这让正在犹豫是点酒好还是点果汁好的女性也很难开口要酒。被接待的客户或比你晚进公司的同事会觉得，主办者都不喝酒，只有自己喝酒太不合时宜了。

尽早点第二杯酒的道理也是一样。这样就会制造出"今天大家请尽情地喝"这种气氛。只要让大家看见你点酒的这个"行为"就好，不喝也没关系，因为这样参加者就会放心大胆地点自己喜欢喝的东西。那位被称作"东京炸弹小子"的 S 前辈，他和内部比较熟的人一起聚餐时，从来都不点酒，即使吃烤肉也不会点一杯啤酒。但是，当他与特别重要的客人或者比自己晚进公司的后辈一起参加聚餐的时候，一定会点两杯酒。第一杯会心情愉悦地看起来很美味地喝完，然后马上点第二杯，之后一口都不喝，就那么放在桌子上。

酒量差的人，这么做就可以。如果会喝酒的话在许多场合都比较方便，虽然建议你在一定程度稍微训练一下自己的酒量（特殊体质的人除外），但是在锻炼酒量之前，别忘了要先锻炼你的社交能力。

Tip **24** 　　在与对方碰杯的时候，自己的杯子要比对方的低，这是常识。

25　不要忽略空了的杯子

　　彼得·德鲁克说过："作为一名管理者，必须具备的资质就是'真挚'"。宴会的主办者也一样，必须拥有一颗**"款待客人的心"**。对待自己邀请来的客人，必须当作非常重要的人去尽心招待。

　　为别人"倒酒"、看到对方的杯子空了，就询问他想喝点什么。如果认为这些行为都是"跑龙套的人做的"或者是"商业惯例"，觉得是"被迫才这么做"的话，那就大错特错了。其实，我们是为了要"款待对方"，才会想着去关心对方酒水的。

在工作上表现出色、值得信任的人，无论自己年龄多大，都会经常去关心别人的杯子是不是空了。当他们看到别人杯子空了的时候，会热情地问对方"还想喝点儿什么？"或者很自然地为对方填满啤酒。

首先，你要知道"为别人倒酒""关心别人想喝什么"这是出于"想要款待他人"和"想要让他人玩得开心"的想法才做出的行为。然后，你还要理解，关心别人想喝什么这件事具有两个重要的意义。

第一个意义是有关**"你的基础能力"，是否能给予对方安心感**。如果有一个人看到你杯子里只剩下两三口喝的，便热心地询问你"下一杯想喝点什么"，你一定会认为他"这么年轻就这么会关心人，很不错"，同时，你也会觉得"他应该是经过不少锻炼的人"。从"关心别人杯中的酒水"这个简单的行为，不仅可以看出"你的细心程度"，**还可以想象出"你工作的环境"**。"是否细心留意前辈和客人的杯子"已经成为"你是否具有商务习惯"的直接评判标准。

如果一个人的杯子空着在那里放了很长时间，却没有人为他填满，他就会对你这个主办者产生一种不信任的感觉。特别是客户或者长辈，他们很难自己开口说"再来一杯"。自己的杯子空了那么久，而旁边的你这个东道主却在那里神采飞扬地喋喋不休，完全没有注意到。这时，对方就会产生"即使拜托你帮我点酒，你也不会帮忙"的想法。不仅对你的组织能力开始怀疑，甚至会对你做出"这种程度的细心都不具备，工作方面就可想而知了"的评价。

相反，如果你很好地照顾到了这点，就会被认为是个值得信赖的人。对方会觉得"这么年轻，就能做得如此周到""如果自己身边有这样的一个人会很不错"。因此，如果下次有什么工作上的机会，自然就会想到你。

关心对方杯中酒水的另一个意义在于，**对杯子的关心就代表着对参加者的关心**。

我在参加宴会的时候，同一张桌子有六到八个人，谁都喝了些什么？喝了几杯？这些在宴会结束后，我都能准确地说出来。通过关心周围人杯子中的酒水情况，帮助他人点饮料的过程，可以掌握所有人的节奏，能够了解大家都喝了多少酒，是否开心地享受着宴会。只要你关注大家杯中的酒水，你就能够掌握这一切。因此，仔细观察周围，有助于你掌控全局。

在外国，同样也要关心别人杯中的酒水。虽然许多国家都没有给对方倒酒的习惯，但是，当对方杯子空了的时候，能够关心地问一句"再来点什么？"，你一定会被认为是个"不错的人"。就像在美国，他们也许给别人以非常粗线条的印象，但是即使美国人也希望东道主能够做到"款待客人""让客人舒适"。因此，即使在外国，也要在恰当的时候礼貌地问对方"喝的还够吗？（Do you have enough drink？）""还想喝点什么？(What do you wanna drink？)"

对大家酒水的观察，是一种从"款待客人之心"出发的充满诚意的行为。这会让人觉得你是个有常识的人，从而增加对你的信赖感。而且，这也是作为一名主办者应该具备的管理能力。所以你要像高性能的雷达一样，几分钟就扫视一下桌面，查看一下有谁的杯子变空了。

Tip 25 认真地帮周围人换干净的碟子也是一种款待客人的表现。

26　在重要的宴席上，要和对方保持一样的用餐速度

在不喝酒的饭局上，像午餐会议之类，要与对方保持同一个节奏进食。如果比对方先吃完，很容易让对方变得匆匆忙忙；如果比对方晚吃完，又会让对方在等待你的时间里感到很无聊。

特别是在你追不上对方吃饭的速度，看到对方盘子里的东西比你少很多的时候，你就要注意了。**这是一个信号，在提醒你，**

是不是对方没怎么说话？还是你自己说得太多了？

应该尽可能地让对方说话、多了解对方一些、让对方多讲一些有关自己的事情，这种以对方为中心的氛围才是接待的根本。所以不要让自己说的话占过多的比例。当你注意到对方盘子里的东西吃得很快时，一定要马上将话题转给对方，回到正确的航线上。

在和很多人一起吃饭的情况下，要掌握中间速度，**或者是和吃得最慢的那个人保持一样的用餐速度**。但是如果最后只剩下你一个人在狼吞虎咽的话，也会有些难为情，所以要细心地注意一下这一点。

能够关心对方到这个程度，正是表达了你对对方的"诚意"。做到对他人细致的关心，正是一个人的魅力所在。

举个例子，在会议或者饭桌上，有时候会有某个人在看手表或手机来确认时间。如果是大家看到这样的情形，会怎么想呢？如果是我，我会马上想到"哎呀，他是不是有什么急事啊？"或者"这是不是想要早点结束会议（饭局）的信号？"要不就是"他可能是感到无聊了"。

为了避免这些误会，我在参加会议和饭局的时候，都会将手表摘下戴在左手腕上。这样，在必须确认时间的时候，既可以看到时间，又可以减少对方认为我"很在意时间"的误会。

如果你注意到了这些小细节，就会让对方感到很舒适。最重要的是，**你用你的行动表现出了对对方的"诚意"**。就像和对方同一时间吃完饭这样的小心意，也必定能让对方感受到一种和谐温暖的气氛。

Tip 26 和客户一起吃午饭时，与对方点相同的食物比较方便。

27　对宴会上的性骚扰说 NO!

　　无论是在公司的聚餐上，还是朋友间的聚会中，性骚扰都是一种无礼的行为。如果在你举办的宴会上，看到这种行为，一定要跟它作战到底，杜绝这种现象。

　　性骚扰，不仅仅是指身体上的下流行为（最近比较少见），语言上的暴力更为严重。现在偶尔也会看见这种现象（当然，性骚扰不仅限于女性，男性也会受到性骚扰）。

　　如果你看到明显在性骚扰的"犯人"，要将他带到别的地方，对他进行告诫。不要引起大的骚动，要到人少的地方对他说："你刚才的发言已经是性骚扰行为""你这样做会让对方感觉到很不舒服"。无论对方是喝醉了还是前辈或者是上司，都要用毅然决然的态度处理。当然，不能用暴力，要自始至终都冷静地与他讲道理。

跟他说完这些之后，**建议你对他说："请回吧"**，然后，拿着他的外套或公文包将他送到外面，不要让他再回到宴席上。虽然这样会感觉他有些可怜，但是，仔细想一下，可能到现在为止谁都没想到他是个性骚扰大王，因此才会有人被他骚扰到。如果让他继续留在宴席上，一定还会发生同样的事情，会有更多的人受到他的性骚扰。如果让他的这种行为大行其道，所有人都不会感到愉快。

如果对方是你无论如何都不能开口的上司或前辈的话，这时，就要让"大妈"登场。年长的女性对这种人进行告诫会比较有效果。你可以匿名拜托"大妈"，让她去帮助受到性骚扰的人。"大妈"一定会比较婉转地说到对方的要害。但是，如果对方是公司社长之类的大人物，"大妈"也很难开口。这时，你可以给他写封匿名信，内容不要中伤诽谤，要试着劝说他改善行为。

这是领导力中最重要的一部分——"尊严"问题。**缺乏尊严和伦理观的企业是不会持续发展壮大的。**破产的安然公司、发生财务丑闻的奥林巴斯，都不是因为偶然事件。而是在事情像蚁洞般大小的时候就放置不管，结果在大家的无视中慢慢变大，最终腐朽整个组织。

哈佛商学院也教育我们，作为一个可以让企业持续成长的领导者，必须拥有"商务方面""伦理方面""法律方面"这三个方面的决断力。在我工作的综合商社里，也是一样。将光明正大放在第一位，认为"用不正当的行为是永远都做不成生意的"。在那里，善恶分明，只存在黑色或白色，不存在灰色地带。

正如对待宴会中的性骚扰，**绝对不可以用"情节不严重就可以无视"的态度**。如果让那种情节不严重的性骚扰蔓延开，就会成为组织自身的大问题。一个漠视伦理的宴会，不会有人愿意参加，"让参加者之间建立信赖关系"的这个宴会目的也不会得以实现，反而会让组织本身慢慢地变得不堪一击。面对性骚扰这种"恶势力"的时候，应该拿出勇气坚决抵抗。对待这种事情，绝对不可以纵容。

Tip 27　如果被问到喜欢什么类型的女生时，不要说关于身材的话题！

28　联谊会上的恶性循环

　　大家知道"联谊会中的紧缩螺旋（通货紧缩的螺旋式上升）"这个词吗？这是特别指那些抱着"想交男朋友""想结婚"这种强烈愿望的女性所面临的恶性循环。

　　某些大龄青年随着年龄的增大，被邀请参加联谊会的次数也越来越少，在有限的联谊会中必须找到男朋友 / 女朋友的这种压力就会增加。受这个压力的影响，参加者会变得非常畏缩，从而白白浪费了参加的机会。而且，因为表现得不尽如人意，渐渐地就会被联谊会疏远，被邀请的次数也会变少，从而再参加的时候压力就会变得更大……这就是所谓的"联谊会中的紧缩螺旋"。"联谊会中的紧缩螺旋"产生的原因，不仅适用于宴会，对日常工作也有一定的启迪。

"今天一定要找到男朋友／女朋友"这种迫切的心情就如"今天一定要打个本垒打"一样。**这种想用一招逆转全局、打中目标的心情就是恶性循环的根源所在。**想要一下就打中目标的人，心里想的必定是："必须向对方展现出我最好的一面"。一旦有了这个想法，就会变得不愿意去倾听他人的话。不由地对周围人所说的话漫不经心，只想着"如何表现出最好的自己"。而其实，接受对方、了解对方这件事，并非如打棒球那么简单。如果过分地表现自己就会忽视"人都是渴望为他人所知的"这个普遍的心理。

参加联谊会，本来就不应该抱着"一招击中目标""今天就要交到男朋友／女朋友"的心理。应该用"今天，和这些男生中的几位熟络关系，这样下次还能参加联谊"的心态来和大家交流。

这和在生意场上的道理一样。与无论如何都想要卖掉"自己的产品"的鲁莽营业员相比，人们更愿意与询问"您的问题是什么？"的亲和型营业员合作。不要一味地推销自己的产品，要知道对方的症结所在，从而针对问题进行"提案"。**过分急着推销自己，就会表现出不愿倾听的态度，这样就无法抓住对方的内心。**而且，我的师父曾严肃地教导过我，联谊会也好，工作也好，"一定要主动"。这对以后的联谊、工作都具有重要意义。不要被动地等着别人来邀请你，要积极主动地开辟新的人际关系。

"主动迈出第一步"。无论对于工作还是人生，这种"自己做主"的态度都十分重要。当然，相比坐等别人的邀请，主动邀请别人更需要勇气。但是，正是这种竭尽全力挑战的勇气才是最珍贵的。

在哈佛商学院的时候，我们几个日本同学在其他外国同学都没有提出要求的情况下，主动举办了寿司派对，为大家准备了各种日本料理。这种积极主动的态度，逐渐在社交中受到了好评，并且创造出了"大家都愿意和日本人做朋友"的氛围。联谊会也是一样。不断地主动邀请别人、积极地制造气氛，不知不觉中你就会被他人需要，被认为"没有你的联谊会很无聊"，并且你会认识许多新朋友，从而会收到更多的邀请。

用"倾听别人"，而不是"表现自己"的态度去进行社交，喜欢你的人会越来越多。同样，主动地邀请别人，积极地举办活动，你的伙伴也会变得更多。

Tip 28　无论什么样的联谊，一直能玩到最后的人，下次一定还会被邀请。

29　巧妙地引导话题，取得对话的主导权

　　如果在参加者大部分都是初次见面、毫无规则可循的联谊会上，能够掌握对话主导权的话，那么，在其他类型的宴会中也会很容易地就能够掌握主导权。**取得会话主导权的能力**在工作中也十分必要。无论是在会议中还是重要的谈话中，掌握对话的主导权，不仅可以推进事物的发展，让自己成为对话的中心，而且还是发挥自身领导能力的有效基础。

　　当然，如果以"因为我是主办者"的理由取得了主导权，那

也只能维持到宴会刚开始的干杯环节。之后就要靠自己的实力来争取主导权了。但是，有一点希望大家不要误会，**取得对话的主导权不是因为自己有很多话想说，而是为了能够让宴会气氛高涨。**

我给大家介绍一个我的师父"东京夜晚怪物君"在联谊会上"**取得主导权**"的例子。

这是很久以前的事情了。我和师父一起参加一个四男四女的联谊会。我当时坐在最右边，师父坐在我旁边，对面的最左边坐着一位穿着高领衣服的女性。我们刚坐下，师父就大声地对我说："你去问问对面那位女士，她怎么知道我最喜欢穿高领衣服的女性？"

我们和那位女性是初次见面，师父却说对方是因为"他自己喜欢穿高领衣服的女性"才穿着高领衣服，还让我去问对方。那位女性和其他参加者当然都听到了师父说话的声音，他们都在窃窃私语："这个人在说什么呢？""为什么他不自己问呢？""什么？怎么了？"并注视着我和师父。

于是，我没有办法，只好去问对方："那个……您怎么知道他（怪物君）喜欢穿高领衣服的女性？"

我问完，周围的人都笑起来，说："啊，还真的问啊。"他们同时看向那位穿高领衣服的女性，想看看她怎么回答。

那位女性的脸慢慢地变红，然后认真地说道："我完全不知道啊。"看到她这么认真地回答，大家又哄然大笑起来。

接着，师父又让我去追问："去问问她，为什么今天没穿紫色的衣服？"这样兜圈子的过程虽然有点傻气，但是却给人以很亲切的感觉，笨拙而完美地缓解了大家在初次见面时的紧张感。

并且，**在这仅仅的一两秒中，师父就成为了话题的中心。**所有的参加者可能都会想"这个人（怪物君）应该能让今天的联谊气氛高涨起来吧""今天的联谊交给他的话，应该都能玩得很开心"。在大家的追随下，师父一瞬间就取得了主导权。

那么，我们来分析一下师父的做法。

首先，师父不直接问对方，而是让我去问，从而制造出一种让人莫名其妙的状况，来吸引大家的兴趣。也就是**抓住周围的目光。**

其次，让所有人都参与进来。强行让坐在最右边的我和坐在对面最左边的那位女性，也就是对角线上的两个人进行对话，**这个范围发生的对话，谁都无法无视。**

最后，最重要的是，通过师父的诱导，我与穿高领衣服的女性的对话，形成了一个"三角形对话"。师父是等边三角形的顶点，而我和那位女性是底边的两个角。利用这个"三角形"，师父**巧妙地制造出以自己为基点的交谈状况。**

实际上，虽然说话的是我和那位穿高领衣服的女性，表面看起来我们是主角，但是，我们只是师父的"棋子"，背后进行操控的其实是师父。他巧妙地引导我们做出反应，让大家能够开怀大笑，从而掌控整个局面。

师父的这个角色，就像在国际会议中既担任"翻译"又担任

"主持"的全能司仪一样,掌控从话题方向到会议内容的所有事情。只要他能很好地让我和穿高领衣服的那位女性进行对话,在接下来的时间里,他就也能让其他人都开口说话。这个角色就是最厉害的角色。

前面提到的等边三角形顶点的这个角色被称为**"引导者"**。所谓"引导者",一般情况下是,站在中立的立场上,引起参加者之间的讨论,并使他们最后达成意见一致、相互理解的效果。换句话说,就是**"为周围人制造话题的角色"**。

能够不停地讲着自己有趣的事情,让周围人开怀大笑的也许只有职业艺人可以做到。宴会中,如果一个人喋喋不休地只讲自己的事情,周围的人无疑会感到很困扰。因此,宴会需要这么一位"引导者",来掌控局面,让大家都能开口说话。

记住,尽早地取得引导者的地位,会让你轻松地掌控全局。有关如何成为"引导者"的方法,我会在后面进一步说明。

Tip 29 　用大声爽快的声音点菜,也能有效地掌控场面。

30 即使不是内行，也要学习的"主持技巧"

很多观众在看到SMAP[1]的中居正广或者是上田晋也等人主持的节目时，都会很兴奋。这就是名主持的魅力。在这些主持人中，我认为最厉害的当属明石家秋刀鱼[2]。我最想模仿或者说我的目标就是可以有像他那样出色的表现。

当然，无论多么努力，想要达到明石家秋刀鱼那种天才的境

①日本偶像组合——译者注。
②艺名——译者注。

界也是非常困难的。但是，如果能够将他主持技巧的一部分要素进行系统地理解，通过练习还是可以吸收的。像我们这种门外汉，只要不断地积累练习，应该也能够达到他水平的三成左右。而这**"三成"，对于"掌控宴会"来说就已经足够了。**

请回想一下电视里明石家秋刀鱼的形象。是不是很容易就会浮现出他那爽朗的大笑，还有装作很生气地说"傻瓜！"这些情景。但是，却不会浮现出他跟观众讲自己的体验的场景。与其他艺人相比，他很少会说有关自己的那些有意思的事情。他就是这样，**几乎不会用自己的事情来逗笑大家。**在说到自己事情的时候，他一般都会将话题中心转向其他人，用别人的事情来让大家开怀大笑。

举个简单易懂的例子，明石家秋刀鱼主持过一档叫作"为爱痴狂"的节目。节目每回都会给大家一个话题，让所有女性嘉宾来说一些自己有趣的体验。明石家秋刀鱼会引导每一位嘉宾都说出那些女性们很感兴趣的内容。然后，他会马上哈哈笑着表达出自己或赞同或否定的看法。

在这个节目中，他的工作可以分为两个。

1. 引出嘉宾的话。

2. 给每一位嘉宾所说的话做个结尾。

这其实就是一名"引导者"所做的事情。虽然我们很难达到他那样的天才水平，但是，这两点"引导者"所具备的要素，只要经过不断地训练，像你我这样的外行人都是可以学会的。

我在接受我的师父"东京夜晚怪物君"对我的在职培训（OJT）时，越接触他越觉得他是个非常有意思的人，甚至，我认为自己无论如何努力可能都成为不了像他那么有意思的人。但是，在长时间的观察中，我发现他那些有趣的话大多分为两种。一种是直接就能够说出有趣的事情，另一种就是像明石家秋刀鱼那样"做个引导者"。

对于第一种做法，不具备出奇才能的人，很难做到。毕竟达到师父那种水平也不是很容易的事情。但是，第二种"引导者"的方式，如果经过长期练习，我们也许可以做到。

对周围的环境和自己的强项及弱项进行分析，清楚什么是在自己的能力范围之内。这就是商务的基础，也就是战略分析。在为自己公司建立战略的时候，要考虑到3C。分析3C就是对**市场**（CUSTOMER）、**竞争**（COMPETITOR）和**自己的公司**（COMPANY）进行调查研究。就像刚才所说的两种做法，"虽然很难直接说出有趣的事情，但是我们可以成为一名引导者"，这就是一种自我的3C分析。所谓的市场，就是联谊会或者宴会的参加者，你应该吸引他们的目光。因此，你必须知道他们所需要的是什么。你要知道，所有行为的根源都在于"渴望为他人所知"。而所谓的竞争，就是争取对话的主导权。大多数人都会利用"直接说出搞笑的噱头或者说有意思的事情"来争夺主导权。

综合以上，也就是：

1.市场中潜在着"自己渴望为他人所知"的强烈需求；

2.竞争队伍中聚集着可以说出搞笑噱头的人，因此竞争非常激烈；

3.自我分析一下，也许自己无法直接说出搞笑的话，但也许可以成为一名引导者。

如果这些你都理解了，就可以放弃"说搞笑噱头"这个选项，而选择"努力成为一名引导者"。这样，看清楚自己擅长的与不擅长的，摆好自己的位置，才能找到适合自己的"作战方式"。决定做什么，放弃什么，对于工作而言，也是必不可少的。

无论是在工作还是生活中，**分析周围的环境以及自身的强弱项，仔细思考如何才能发挥自己的强项，这点十分重要**。找到能够让自己发光的地方，才会加快你的成长速度。

没有必要让自己在各个方面都出色。只要彻底地发挥自己的强项，具有自己的特点就是成功的。

Tip 30 — 只靠辛辣的语言让气氛高涨，是实力不足的表现。

31　五大原则，引出对方的心里话

　　学会"让对方说话"这个技巧，不仅会使你的工作能力有质的飞跃，并且会改变你的人生。无论是在面对同事、上司和客户，还是恋人、家人和朋友，他们都能够和你进行很好的交谈。这是一件多么美好的事情。

　　即使对方和你的价值观、意见不同，哪怕你们所追求的利益是相反的，但是，只要你们建立起"对话的关系"，就能够拓宽你们之间的关系。相反，如果你们之间无法进行对话，那么就算很细小的分歧都会让你们彼此产生不信任感，从而引发纠纷。

在宴会中，作为一名引导者，为了能够引出对方的话，需要做到五点。也就是"引出对话的五大原则"。例如，一个白领女士突然说"我晚上开始兼职了"，听到这，大家可能都会大吃一惊，但却很难对她的话接茬。这时，就需要引导者努力做到以下几点，从而引出大家的对话。

1. 制造对话的核心（What do you mean？）

首先，要确定话题的中心。知道中心点之后，就能更容易理解对话的内容。就像看电影一样，如果事先知道是"动作片"还是"恐怖片"或者是"喜剧片"，观看起来就会更容易些。上文那个例子的情况，如果问一下那位白领女性，晚上到底兼职什么样的工作，就会掌握对话的总体情况。会话可以这样进行：

你："那你晚上做什么样的兼职呢？"

那位女性："在补习学校当老师。"

你："啊，这样啊，我还以为在酒馆什么的地方呢。"

但是，如果你知道是补习班后，便结束了话题，那么**这个对话充其量也就算是个茶余饭后的闲谈**。而其实，你应该让话题继续。

2. 整理时间顺序（When）

接下来必须要做的是"引出时间关键词，整理内容的时间顺序"。正如新闻和报纸的报道，**为了更详细准确地把握消息的状况，一定会加入时间关键词**。而且，如果沿着时间顺序说话，对方会更容易理解你所说的内容。因此，引出时间关键词，对内容进行整理是十分有必要的。具体可以这么做：

你："那你是从什么时候开始做这份兼职的啊？"

那位女性："嗯……大概两个月前。"

不要刚得到时间信息，就结束对话。要更深入地了解下去。

你："补习学校是直接去了就可以讲课了吗？"

她："我在上大学的时候，做过一段时间……登记、审查什么的需要花两个月左右。"

你："这样啊……找学校很容易吗？"

她："嗯，是的，大概找了一个月就找到了。"

你："这么说来，你在五个月前就开始找补习学校的兼职了啊？"

她："嗯，差不多。"

问到这儿，就了解了整个事情的大概。她从五个月前开始着手寻找补习学校的兼职，四个月前找到现在兼职的学校，经过两个月的准备，两个月前开始工作。此时，你就能够将这些都按时间顺序整理出来。而得到这些信息都得益于你问的那句"从什么时候开始的这份兼职"。

3. 让对方说得更详细（So，Let me ask you）

之后，让对方进一步地描写细节。你的任务就是，**让她的故事在听众的脑海里形成像电影一样的画面**。询问她，工作地点在哪里？补习学校有多大？里面有多少学生？一周去工作几次？等等。为了能够让细节部分的内容更丰富，要尽可能地问得详细些。

4. 询问理由（Why？）

下一阶段，就是婉转地切入关键部分。询问她寻找兼职的理由。问她类似"为什么要去补习班当老师？""为什么选择那个学校？"这样的问题，根据对方的反应选择重要的部分询问理由。

那位女性可能会这么回答："因为我想去留学，所以想攒一些钱。"

询问她"为什么"，一般都是"她最想说或者是最想被别人问"的话题。因为这个"原因"一直存在于她的思想里。而且，**询问理由也可以让你更加了解对方的价值观**。知道她为什么会那么做，她的动力是什么，等等。如果不从引导的角度深入挖掘她的事情，只是根据她所说的一个部分，就说一些"原来你在补习班教学啊。晚上工作很辛苦吧。话说我原来也参加过一个补习学校……"这样的话，就无法谈到对方真正想聊的话题。

5. 询问对方的感想（How do you feel？）

和对方的对话进行到这里，最后应该问的就是她的"感想"和"心情"。问完这个问题，你就更能了解她的人生观和她的许多事情。毕竟，你最想知道的是，她是一个什么样的人？**她具有怎样的感受能力？对什么事物会有所反应？会被什么感动？**也就是想要了解她的内心。因此，最后，要直截了当地询问她的感想。按照之前对话的流程，此时，相比"当补习学校老师的感觉如何？"而对她说："你真厉害。能够追求自己的梦想。你的目标是什么呢？现在是什么心情？"这样询问有关梦想的话题会更合适一些。她也许会说：

"我在学生时代有许多想做的事情都没敢尝试。但是，这次我鼓起勇气抱着试试看的想法切实地行动了。我意外地发现，原来挑战新事物也没有想象中那么难。"能引出这样的话是最好的了。**通过引导者的力量，利用眼前这个人"渴望被人了解"的心理，可以引出对方的许多故事。**

这个技能在工作中也很实用，特别是在谈判的时候非常有效果。很多人都误认为谈判就是在"战场"中你争我夺的行为。其实并不是这样。**谈判是双方共同思考出创造性的解决方案。**因此，谈判其实就像坐在对面的两个人，在交换各种各样的意见中更深入地了解对方的过程。

其实，在对方表现出的那些表面的信息中，通常潜在着对方的真正需求。而将这些需求挖掘出来的工作，就需要你的"询问能力"。从核心、时间顺序、细节、理由还有感想这些方面切入，通过询问，不仅能够了解对方的需求，而且能够正确地把握对方是一个什么样的人。

掌握这个技能，无论在工作中还是生活中，都将会成为你一生的财富。

Tip 31　　探出身子倾听，更能显示出你的诚意。

32　怎样聊，才能引出让对方最想提的话题

无论你为你的宴会精心准备了多么有趣的小节目，但只要缺少好的引导方式，那么这个宴会的魅力就会减少一半。

我在参加宴会的时候，一半的时间都在说话。可能你会感到惊讶。但是，在那些时间里我并不是说有关自己的事情，而是只引导别人说话。没错，**引导者就是要为宴会奉献自己，只引出他人的话**。而且，不单单是"让对方多说话"就可以了，还要利用对话技巧来"设计"他们说话的内容。这就是宴会所需要的引导

方式。

举个例子，在我工作的公司里，有一位大学四年级的实习生A君。他是一个很爱笑、性格很好的男孩子，但是，他有一点腼腆。人很多的时候，他就会非常不自在，在公司的聚餐上他也不太会积极地发言。

于是，在聚餐中，我就以一名引导者的身份对他进行引导。开始先问一些像"你平时有什么兴趣爱好啊？"之类无关紧要的话题，然后再继续询问各种问题。在他断断续续的说话中，大家对A君也有了新的认识。在这个过程中，引导者一定要问一些对方（这里指A君）感兴趣的话题，也就是对方"想说"的话题。

在这些对话中，当你谈到对方很想聊的话题时，他所反映出的信号就是：眼神会突然变亮，整个表情都会变得神采飞扬。就像在钓鱼的时候，看到鱼儿上钩时微微晃动的鱼漂一样。因此，当对方突然变得"很认真"或者出现说话"很细致"的情况，那就有可能是触碰到了他想要说的话题了。

当聊到自己想说的话题时，如果是很热情的人，他就会说："嗯……怎么说好呢？"会想办法挑要点跟你讲。听的人会感觉"嗯？他说话的时候好像变得更认真了"。有的人有时还会说："怎么说你能容易理解呢？"总之，就是对方在说话时变得周到细心时，那就很有可能是说到他想说的那个范围了。

另外，有些人在触及"最想聊的话题"时，**说话的内容会突然变得让人听不太懂**。不管你有没有那方面的知识，他都会说一些只有专家才能明白的话。而这其实也就标志着你们谈到了他想谈的领域。

至于 A 君想聊的话题，就是"网络游戏"。所谓"网络游戏"，就是通过互联网，许多人同时参加进行电脑游戏。"网游废人"，也就是指那些过分地沉溺于网络游戏，而无法适应正常生活的人们。这种人的数量正在急剧增多，甚至已经成为一种社会问题。

当聊到网络游戏的话题时，我们一般都会无意中略称为"网游"。但是，只有 A 君一直准确地称呼它为"网络游戏"。这就说明他突然变得很认真。这对于我来说，就是鱼漂晃动的瞬间。

难道看起来非常模式化的 A 君，是个网游爱好者？

于是，我马上深入挖掘关于网游的话题。从而得知，A 君其实在一两年前还是个深度网游迷。A 君的这一面，让我感到很惊讶。

知道 A 君是个网游爱好者之后，就该展示引导者的力量了。如果单单下结论说"A 君是个宅男"，这对于任何人来说都是毫无意义的。引导者应该引出，在 A 君那个离我们有些遥远的网游世界里，他所拥有的知识、他对事物的看法等。我会询问他："在网游里，有什么流行的游戏吗？""玩网游有什么奖励或者目标吗？""现在，'网游废人'已经成为一个社会问题，你怎么认为？"这样的问题。一边巧妙地引出 A 君的回答，一边挖掘他独特的思维和特殊的感性，并且要用夸奖他"你挺厉害啊！"的方式，深入地了解他。这个过程就是"设计人物对话"的过程。

后来的 A 君，很快地融入了组织，在各种场合上也变得能够积极地发言了。这就是以"网游"为契机，通过引出 A 君独特的感性和思考方式，增强了他的存在感。

像这样，引出参加者的优点和感兴趣的话题，就是宴会中一个引导者所必须做的事情。

Tip 32　彻底地接受对方是引导者首先应该做的。

33 多用夸张语气，让对方占据话题的中心

以上讲述了引导者的重要性和宴会中"引出话题的五大原则
（制造对话的核心、整理时间顺序、让对方说得更详细、询问理由、
询问对方的感想）"。如果能够很好地发挥引导者的作用，宴会会
变得非常愉快。气氛的高涨与否基本都是由引导方式决定的。那
么，如何利用引导的力量让气氛高涨呢？下面我就来告诉大家需
要做的五点。

1. 表现出夸张的惊讶

第一点是在想要引导对方说话时，请做出"原来如此……

""啊！原来是这样啊！"这种夸张的反应。根据情况，还可以配合各种动作。比如睁大双眼、从椅子上滑下来，等等，都会十分有效果。这样，对方会感到很兴奋，**周围的人也会想"他们好像在说什么重要的事情"，而聚集到你们身边开始旁观。**而且，能够做出夸张反应的人，会比较容易取得会话的中心位置。

2. 重复对方的话

第二点需要做的就是重复对方所说的话。例如，当对方说："我现在在涉谷工作"的时候，你就应该说："你在涉谷工作啊！"这不仅能引起其他参加者的注意，还可以起到主动把握对话速度的作用。**如果能够控制对话的速度，就可以设计与对方对话的内容。**当找到对方想谈的话题时，要继续向深处挖掘。就如刚才的话题，要继续问对方："那你在涉谷的哪个位置工作啊？"这样就可以控制对话的方向性。

3. 适当夸大

第三点简单地说也就是另一种夸张的表现。在宴会中，夸张的表达可以让大家笑声迭起。例如，一个人说："昨天，我和母亲吵架，气得我在外面喝酒到天亮。""是吗？因为太生气了，所以离家出走？""不是离家出走（笑），也就是到外边走走而已！"**这样，就可以将话题内容夸张化。**

4. 总结

如果对方的话题中包含了很多信息，你可以适当地暂停与他的对话，总结一下这些信息。例如，刚才的那个例子，你可以这么说："等一下……也就是说，你昨天和母亲吵架，生气离开家，和朋友喝酒到天亮才回去。是这个意思对吗？"**通过总结，在活跃气氛的同时，也能整理对话的内容。**

5. 发表看法

以刚才的对话为例，最后，一定要说一句"你是小学生吗？还这样！"之类表达自己看法的话。发表看法最好就在第四点"总结"之后。看法大概分为四种："认为很搞笑""吐槽对方的观点""理解对方""发表感慨"。在宴会中，因为目的都是让大家发笑，所以一般都是发表"搞笑"和"吐槽"的观点。

这样，利用宴会的闲聊时间锻炼"活跃对话氛围的能力"，在工作中也会非常受用。运用这个能力在会议僵持的时候缓和气氛，在初次见面的场合有效地暖场。这些都会让你成为一个随机应变、灵活的人。

能够在同事的眼中成为一名"一起工作会感到很愉快的人"，是作为一名社会人所应具有的重要技能。活跃对话气氛的能力，应该从作为一名职场新人的时候就开始学习，直到成为一名老练的商务人士。

Tip 33 一边说着"原来如此！"一边拿出笔记装作记下来的样子，效果会非常好！

34　如果想得到对方的好感，一定要在说完话的时候保持笑容

活跃宴会气氛最简单的方法就是"笑容"。当谁说了什么有趣的事情，或者是谁表演了好笑的节目时，你要率先大声笑起来。这样，别人对你的印象就会是"一个喜欢笑的人"。

在我还是一名公司新人的时候，坐在我旁边的那位前辈，是个对毫不搞笑的事情都能大笑的人。当上司和客户说一些无聊的笑话时，他总是能大笑出来。看似有些谄媚，但其实他一点都不

是一个阿谀奉承的人。当我问他为什么总是一副笑容的时候，他是这样告诉我的：

"我并不是为了让自己取得优势地位而笑的，而是为了让周围人能有一个更轻松的环境，所以才总是笑。"

作为一名做营业工作的人，笑容不仅可以让客户对你产生好感，同时还可以消除对方的警戒心，让对话更顺畅地进行。"经常保持笑容"是会话的润滑油。

做到"经常保持笑容"，有一个技巧，那就是，只要"在说完话的时候保持微笑"就可以。这并不是什么才能，只要用心，每个人都能够做到。举个例子，假如在公司聚餐时，偶然和一个不太熟悉的后辈坐在了一起。当你正想着以什么话开口的时候，那位后辈却用严肃的表情说道："今天真热啊。"**当对方用严肃的表情说话时，你就很难估测与对方的心理距离。**而且在两人还是初次见面的情况下，你会认为还是严肃地交谈比较稳妥。于是，就会思考如何才能"合适地回应他的话"。在你开始考虑这种回答的时候，你们的对话一定会变得毫无生机。

"……是啊，今早的新闻说今天晚上也会是个闷热的夜晚。"

"……今晚也很闷热？"

"……好像是的。"

"……啊！真是受不了啊。"

"是啊，确实受不了……"

你们的对话也许就是这样，然后可能就会进入冷场阶段了。

但是，如果在说完"今天真热啊"的时候，加上爽朗的笑容，情况会大有不同。

"啊，前辈，今天真热啊！哈哈哈！"当对方用这样毫无设防、无忧无虑的笑容面对你时，你也会不由自主地嘴角上扬，不假思索地笑着回应说："真是很热啊！"你们的对话也许就会变成这样：

"真是热啊！哈哈哈！"

"哈哈，你和 XX 君是同时进公司的吧？"

"是的，我们是同时进公司的。哈哈。"

"那你们的关系平时很好吧？"

"不是，其实不太好。哈哈。"

"哈哈哈，这样啊。"

乍一看，这是一个很普通的对话。但就是这样的对话，**使双方缓解了紧张感、破除了心理防线，可以让对话向更广的方面扩展**。这一切都是由那位后辈说话方式的差异决定的。

无论是在工作还是生活中，如果你观察一下那些会说话的人，一定会发现，他们都是时常保持微笑，经常会爽朗大笑的人。笑容不仅可以缓解彼此的紧张感，制造出"愉快对话"的气氛，而且还可以填补对话中偶尔的空白时间。

"笑容"是最好的武器。**总是笑容不断的人，人们都喜欢和他相处**。而且，不擅长交际的人，只要在说完话后露出笑容，就像把"今天真热啊"这样的社交辞令，换成"啊，今天真热啊！哈哈。"的话，给人的感觉就会截然不同。因此，在宴会中，与

对方说完话的时候一定不要忘记笑容。仅这一点，就能让你的人
生一下子变得光彩照人，和他人的交往也会变得顺畅许多。

Tip 34   在与外国人交谈时，笑容也是必不可少的。

35　如果联谊会的气氛不活跃，"当场"就要开反省会

　　在公司或者学校的宴会上，只要主办者能够认真地准备和主持，宴会的气氛一定会很活跃。其中一个重要原因是，大家本来就都认识，了解彼此的性格，共同的话题也很多，所以就很容易构建一个愉快的氛围。但是，如果在大多数人都是初次见面的宴会上，尤其是联谊会，很有可能就没有这么好的气氛。我将气氛不活跃的联谊会归为两大类。一类是女性那方（或者是男性那方）对异性那一队，明显地表现出了丝毫不感兴趣的态度。另一类就

是除此之外的所有情况。如果是第一种类型的话，那缓解这种气氛就会变得相当困难。因此，只能努力不要形成这种气氛，尽量运用以上我所说的那些"基础"能力，用会话技巧来使气氛活跃。但是，如果即使这样，对方还是表现出"我们对你们完全没有兴趣"的态度，那么就可以果断地结束聚会。

一般像联谊会这种"相亲形式的聚餐"，**虽然不会事先想到遇到什么样的人，但是也应该珍惜这偶然相遇的机会。明显地表现出对对方没有兴趣的人，是非常没有礼貌的，而且绝对缺乏"爱心"**，一定是个本性不好的人。遇到这样的人，可以早早地结束这场联谊，和同伴们一起去喝一杯。在一起谴责"那些人真是没礼貌"的过程中，气氛反而会很热烈。

如果气氛不活跃的原因不是第一种的话，那么，无论用什么办法都可以让气氛高涨起来。**此时的大家一定都在等待一个"让气氛高涨"的机会，在这种状态下，只要给予大家一个契机就什么都解决了。**

气氛不活跃的宴会，一般都是因为低沉的现状让大家产生了更大的压力。"如果再不说点有趣的事情……""必须说些能活跃气氛的话"这样的想法会让自己更难开口，从而陷入一个负面的循环。因此，此时必须要做的事情就是要切断这个循环。

我经常使用的方法是让大家一起开个"反省会"。会话的基础就是"找到共同话题"，而此时这个沉闷状态下的共同话题，就是"我们的聚会很沉闷"这个话题。可以从这个突破口开始进入对话。

"嗯……不好意思。虽然我们大家都很努力，但是……气氛还是活跃不起来，对吧？"你可以用这句话打破僵局，**记住一定要用笑容。**

这样，女性阵营中可能就会有人附和着说："是啊……""是不是因为最开始的自我介绍太失败了呢？"这样大家开始一起笑着分析"失败的原因"，话题还会不断地增多。用这种方式打破沉闷的气氛，会让大家都渐渐地活跃起来。

勇于承认"气氛不活跃"，打破僵局，切断负面循环，会让大家的共同话题变多。当你遇到气氛沉闷的聚餐时，不妨也用这个办法试试看。

以上，讲述了关于联谊会的问题。现在要讲一些严肃的事情。

人与人之间信赖关系的强弱，是由能否说真心话而决定的。如果你与意见不一致、思考方式不同的人，也"能够说真心话"，那么你们之间将会构建出坚固的信赖关系。因此，当你与上司或者前辈存在分歧的时候，在尊重对方的同时，要勇于说出自己的想法。哪怕只说个大概，也一定要记着将它说出来。记住，说出真心话，是与对方构建信赖关系的第一步。

Tip 35 ── 最后的办法是换位置。但不一定必须要让同性坐在一起。

专题3　不擅长和外国人交谈的话，可以去找"大叔们"锻炼一下

如果你不擅长与外国人交谈，我建议你去和大叔们一起喝几次，锻练一下自己。这里所说的大叔，指的是和你最少相差三十岁的人（和自己的父母年龄相仿的人）。也就是和你完全没有共同话题的那个年龄层的人一起喝酒。

我在进公司的第三年，还是个底层小职员的时候，遇到了一个天才工程师。我们年龄大概相差三十岁。我一年有十几次都与

他一起去国外出差。和他在一起的时间甚至比和家人在一起的时间都多。我们一起参加过许多饭局还有宴会。但我们除了工作上的话题，在酒席上就基本没有别的共同话题。仔细想一下，这是一件非常难熬的事情。除了工作以外，没有任何共同话题的两代人，如果没有很好的说话技巧，在一起的吃饭时间都会非常安静。

不善于和外国人交谈的人，一般都是借口"不习惯和外国人说话"或者"说英语的时候会紧张"。但是，我认为最关键的一点还是在于"缺乏共同话题"。缺乏话题的原因是**"话题的差异"**。因为你们彼此的背景相差太多，所以怎么都很难找到共同话题。就算找到了共同话题，由于"价值观和世界观的差异"，也很难使对话的气氛活跃起来。因此，找到能够聊得来的"共同话题"，对于你们来说真的不是那么容易。

与年龄相差很大的人交谈时，也是一样。话题不同、价值观和世界观也不同。在这种情况下的对话，有一个技巧。**那就是选择"对方感兴趣的话题"，并勇于说出"自己的想法"。**

例如，当大叔谈到"盆栽"的话题时，这对于你来说，完全不感兴趣。但是，哪怕说出"盆栽到底有什么乐趣呢？"这样很没礼貌的话也没关系，就是一定要说出你自己的想法（在选择用语的同时），老实地去询问对方：

"您是在年轻的时候就开始对盆栽感兴趣了吗？我身边像我一样年纪的人基本没有养盆栽的……"

"那就对了啊，到了我这个年纪才会产生这个兴趣的。"

"诶？随着年龄增长，兴趣还会改变吗？"

"那当然了！"

"难道说，喜欢的女性类型也会改变吗？"

"那是当然，话说……"

当你率直地说出自己的看法时，对方也会开始讲述他的感想和意见，这样，你们的话题就会变得丰富，你们之间的关系也会慢慢地加深。互相追问彼此的不同观点，会形成一个有趣的话题。"自己和对方有什么不同，为什么会不同"，这是一个永恒的话题。因为，彼此都"渴望为他人所知"。人们都很想告诉别人"自己有哪些与众不同之处"。

因此，想要和兴趣、想法都与自己不同的人交谈得顺畅，那就先和大叔们交谈进行锻炼吧。如果能和他们聊得好的话，那么，与外国人说话时也不会感到不知所措了。

36 能让大家一起参加的表演才是最好的节目

想让 air time 最大化的宴会，一定要设计参加型的小节目，也就是说，将与会者都拉入表演是很重要的。"被拉入表演"指的是在此之前一直都是远远地在那儿看节目，哈哈笑着的"旁观者"，突然被拉进节目中，变成了"当事者"，成为了表演者的一分子。这样就可以让与会者的 air time 最大化，让他们能够脱掉"内心的底裤"。

例如，结婚典礼上一定会有一个让大家都很感动的节目，（如果是我所设计的话）就是让大家无伴奏合唱长渕刚的《干杯》。

　　具体过程是：先拜托一个人或者两个人在大家面前做一个看似傻乎乎的演讲，讲完之后，让他们说："接下来，用这首歌作为礼物，送给新人"。然后便开始清唱《干杯》这首歌。于是，开始演讲的那一个人或两个人静静地开始唱歌，制造出"明明唱得不是很好听，却还要清唱"的奇妙气氛。弄得新郎一边苦笑一边出冷汗，那表情好像在说："你们歌唱得又不是很好，还用清唱，能行吗？"就在这时，事态一下子发生转变。在歌曲的中途，事先商量好的一些来宾们纷纷站起来，跟着清唱。新郎新娘还有观众们正在纳闷为什么这些人都突然站起来唱歌的同时，人们一个接个地迅速起身，一起唱着《干杯》。眼看着越来越多的人都站起来开始唱歌，当第一段歌词结束的时候，新郎那边的朋友已经全都站起来唱歌了。没错，新郎的朋友们都是这个节目的策划者。于是，在第二段歌词开始的时候，大家慢慢地向前方移动，和新郎新娘肩并肩地站在一起进行大合唱。

　　"《干杯》无伴奏大合唱"这个节目，说实话，我自己都很感动。新郎新娘还有他们的父母以及亲戚们都非常高兴。而且，在大家面前一起大合唱的那些人也都非常兴奋。在这样的气氛中，接下来的宴席，想必大家都能度过一个很愉快的时间。

　　这个"《干杯》无伴奏大合唱"首先的要素就是惊喜。先让一两个人在前面静静地清唱，让大家感到惊讶"难道他们就要这样合唱？"接着，更加让观众感到惊讶的是"会场的大多数人都参加到这个节目中，表演出前所未有的大场面"。

这个节目之所以很成功，**是因为能够让观众积极地参加到表演中，提高了与会者作为主角的意识**。也就是说，让所有人都成为节目的一部分，让大家的 air time 最大化。"大家都作为当事者来参加表演，成为主演的一部分"这种高涨的气氛，使得所有合唱者都能够"脱掉内心的底裤"。

这在工作中也是个很重要的思考方式。**无论你有多么划时代的想法，如果不能让周围的人都融入到你的想法中去，那么，你在所属的组织中就会一事无成**。想要建立能够持续成长的商业组织，就一定不能缺少周围人的协助。在实行比较大的项目时，也是一样，能够让身边的人加入到你的项目中，让他们有"主人翁"的意识，这对于你的成功与否有着很大的影响。

当你遇到解不开的问题或者是想要跨过某个困难的课题时，应该找他人进行讨论，将自己的困扰和别人商谈。让周围的人都参与进来，也许就有可能突破难题。因此，不要忘记"将周围的人也拉上舞台"。

Tip 36 —— 腼腆不擅长说话的人其实也喜欢被拉进表演中。

37 准备"丰厚"的奖品，刺激大家渴望中奖的欲望

　　能够让宴会气氛活跃的有效工具就是"奖品"。如果是参加型的宴会，大家应该都会主动参加到游戏中。这时，就算是很便宜的东西也没关系，一定要准备些"奖品"。这样，宴会的气氛会变得格外热烈。而且，奖品最好准备一个**"很大（体积）的东西"**，必须包装起来，让大家看不出里面装的是什么。

　　我工作的综合商社里，原来的一位上司，被称作"传说中的商务人士"。他曾说过，在出差回来或者是去访问客户的时候，

带的礼物"不论是什么，尽可能的要大一些（体积）"，越大越好。因为，人们对包装大的礼物所抱的期待感也会很大。

奖品的好坏，**不在于"价格"，而在于给人的"期待"**。

"那个大奖品里面到底装着什么啊？"

"说不定是个非常豪华的东西呢。"

让大家产生期待感，刺激他们得奖的欲望。这样大家就会更加积极地加入到游戏和表演中。

工作中，也是一样的道理。为工作人员或团队用心地准备"奖励（报酬）"，会让他们更加认真地投入到工作中。奖励对人们的工作方式有着很大的影响。不仅如此，这还是决定你能吸引到什么样的人为你工作的一个重要因素。

无论是用报纸还是别的什么东西都好，一定要将奖品"包装"起来。如果能够做到如此用心，就算里面的奖品是很无聊很便宜的东西也没关系。相反，当大家看到奖品时，让他们感受到"里面竟然装的这个？"的情况，会更加有搞笑的效果。

我经常会在唐吉可德①里面买一些"不知道用来干什么"的奇怪商品作为奖品。比如说巨大的苍蝇拍、用来晾衣服的奇怪器具，等等。在游戏获胜者打开奖品的瞬间，越是无聊的东西，越能获得大家的笑声。

因为预算经常是有限的，所以如果是所属部门内的小组宴会，可以试着拜托部长或者隔壁小组的领导，问问他们"能否赞助一

①日本大型连锁便利店、折扣店——译者注。

点商品"？总之，无论怎样，都不要忘记尽可能地准备大的东西，并将它包装起来。

同样的做法也可以应用到家庭派对或者是圣诞派对中。如果准备"交换礼物"或者"交换书籍"的小节目，会让气氛更加活跃。可以让大家将事先指定金额（一千日元的程度正好，不会给大家造成负担）的礼品——书籍在宴会中随机交换，或者举行一些小游戏，把这些东西当作奖品分发给获胜者。

这种期待"会得到什么"的兴奋感本身就会让宴会气氛高涨。而且，**让参加者各自买奖品这个做法也会提高参加者的 air time**。

A："啊，好可爱啊。我一直就想要这个。这是谁买的啊？"

B："啊，那个好像是我买的。"

A："谢谢！真是十分可爱。"

B："你喜欢就最好了。"（十分喜悦）

像这样，有很多人会通过自己买的东西，向大家展示"我是个会买这样东西的人哦"，同时就相当于告诉了大家自己的品味。

在《你的幸福可以测量》（汤姆·拉思、吉姆·哈特著）这本书中，介绍了盖洛普公司长年在世界范围内进行的幸福调查。其中介绍了一个调查结果，那就是"相比用一万日元为自己买东西，用一万日元为别人买礼物的幸福指数会更高"。因此，我们得出了一个定义："**送给他人礼物也是一种幸福。**"

因为，人们不仅仅会在"收到"礼物的时候感到很高兴，"给予"他人更能让人们体会到幸福感。

Tip 37　　在饭后甜点上写上当天寿星的名字，会成为一个惊喜。

38　绝对不要在宴会上玩"宾果游戏"

虽然说宴会的节目最好是"参加型",但是,并不是说什么样的参加型节目都是好的。尤其是那种时间很长"拖拖拉拉的参加型"游戏,其实是最糟糕的。

"拖拖拉拉的参加型游戏"的代表者,当属宾果游戏了。甚至可以说**"宾果游戏已经成为了日本那些拖拉会议的缩影"**。

宾果游戏,众所周知,就是每个人发一张 5×5 的印有 25 个随机数字的卡片,主持人连续说数字,如果自己卡片上有被读到的数字，就做一个记号，当所做的记号横竖斜无论哪一行凑成一列的话，就算是胜利，可以得到奖品。

宾果游戏一旦开始，大家都会将注意力集中在主持人所读的数字上。

主持人："嗯……23。"

参加者 A："23 啊，没有。"

参加者 B："啊！我有 23！"

参加者 A："诶，真好啊。"

参加者 B："嗯，是啊，谢谢……"

参加者 A："下一个数字会是什么呢……"

参加者 B："是什么呢……"

参加者 A："……"

在混乱的会场中，主持人是无法顺畅地读出数字的。因此，话筒的声音就会变得断断续续，从而主持的内容就会显得更加冗长。在这种毫无生机的氛围中，游戏在慢吞吞地进行着。

这样，根本无法为与会者创造出可以同周围人畅所欲言的氛围。大家只能一边等待着主持人读数字，一边进行着"有""没有"这种毫无意义的对话。大家就像是被主持人硬拉到了一个护送船队里面，而大家明明都知道"目的地就是奖品"，却还在白白消耗着时间和精力。**结论明明都已经摆在那里，却还要拖拖拉拉地进行**。这其实就代表着日本那些无能企业进行的"形式会议"。

游戏的过程中，由于参与者的欢喜声和失望声此起彼伏，因此可能会给人一种气氛高涨的错觉。但实际上，宾果游戏的问题在于，在这数十分钟的黄金时间里，没有让任何一位参加者得到 air time 的机会。参与者和旁边的人除了数字上的交流，基本就没有其他的对话，这简直就是在白白浪费时间。**尤其是在参加者很多，无法直接进行交流的大型宴会中，能够使参加者 air time 最大化的游戏和表演才是最可取的。**如果这般重要的机会却得不到有效地利用，那实在是太可惜了。

如果就因为"看起来很热闹""别人经常用这招"来决定宴会上的小节目，那么，宴会一定无法达到你所预想的效果。在设计节目的时候，不要以既成观念为前提，要从零开始。"那些看似常识的东西真的就一定好吗？""这个节目到底有什么意义？""它会起到什么作用呢？"要认真地思考这些问题。

在工作中也是一样，如果只看表面现象、不抛开定式思维，不仅无法彻底有效地解决问题的根本，并且也不能在瞬息万变的国际化环境中得以生存。如果要想与那些追求逻辑和效率的海外企业进行竞争，那就必须打破陈旧的观念，看清事物的本质、选择最好的行动方式。这种能力不仅适用于宴会节目，也是在全球化环境中能够得以胜利的基础。

Tip 38 让参加者分组进行挑选数字的宾果游戏还是可以采用的。

39　参加型游戏的王牌就是"分组猜谜对抗赛"

宴会的游戏要充满"让参加者能够互相了解"的要素。更确切地说，就是通过游戏时间，让每一位与会者的 air time 最大化，这才是最理想的参加型游戏。

设计参加型游戏的时候，最好满足以下三个要素。

1. 简单明快

需要向大家仔细解释规则的复杂游戏不适合宴会。一定要选择那些简单明快的游戏。

2. 能够引发参加者的兴趣、展现自我

要设计可以让参加者展现出自己的个性，让其他人了解，并且能够表现出参加者兴趣爱好的游戏是最理想的。

3. 可以进行热烈的讨论

参加者每个人单独进行的那种游戏，无法创造出互相讨论的氛围。这种游戏对活跃气氛起不到丝毫作用。只有让大家都畅所欲言，进行热烈讨论的游戏才是最好的游戏。

宾果游戏虽然具备简单明快的特点，但是却不能让参加者展现自己，也不能引发大家的强烈兴趣（除奖品以外）。参加者之间的话题也只限于数字，根本无法进行热烈的讨论。

具备这三点要素的最强游戏当属"分组猜谜对抗赛"了。将四五个人分成一组，进行讨论的形式最佳。主办者一定要认真考虑如何才能分成**"可以充分进行对话，结识新朋友"**的小组。

在这里举一个猜谜游戏的例子。比如让大家猜公司的"创立年月日"，这个话题就会引出小组内的许多发言。

A："没有人会知道公司创立的年月日吧（笑）。不对，等一下，总务部的人可能会知道吧？"

B："可是，这里没有总务部的人吧？"

C："啊……我是总务部的。"

D："诶？你是总务部的啊！一直都不知道。"

C："我半年前才进的总务部。"

A："哦，原来是刚进公司的新人啊，怪不得我们不知道呢。"

这样，在谈论答案的简短交流中，就可以开始互相了解对方的身份和性格。在对话中所得到的信息，无论在猜谜游戏中猜对与猜错，都会为之后的交谈打下良好的基础。在猜谜结束后，可能会产生这样的对话：

A："刚才你说半年前才进的公司，对公司感觉怎么样？都习惯了吗？"

C："嗯，有一些已经习惯了，但是有些还是……"

D："比如说哪些方面呢？"

游戏的目的并不是像宾果游戏那样，单纯地只为活跃游戏时间的气氛。而是要像分组对抗猜谜那样，**在游戏结束后也能够为参加者们创造"可以畅聊的话题"和"能够彼此了解的机会"**。也就是说，要尽可能地让每一个人的 air time 最大化。

同样，在婚礼宴席之后的招待派对上，也可以应用这个猜谜游戏。将男女混成几组，提问关于新郎新娘的问题。在考虑问题的过程中，同组的人就可以从与新郎新娘的关系入手，进行热烈的对话。说不定就此机会还能诞生一对新情侣呢。

《蓝海战略》(Blue Ocean Strategy)【金伟灿 (W. Chan Kim)、勒妮·莫博涅 (Ren é e Mauborgne) 著】里介绍了技艺超群的加拿大表演剧团——"太阳马戏团"的成功秘诀。那就是**不在逐渐缩小的马戏团业界中进行竞争，也不再试着去打败对手"**。为了放弃竞争激化的市场（"红海"），开辟新的市场（"蓝海"），从而打造出与以往马戏团完全不同、号称"马戏团二次发明"的新一代马戏团。

宴会和这个道理完全相同。那些因为"惯例""工作""接待""应酬"等多半带有义务性的宴会，就如"红海"一样，都是些五十步笑百步，"勉强"可以让人感到还可以的宴会。但是，如果将宴会的意义定位于"能够为与会者构建起新的人际关系"这一层面上，那么，宴会的内容将会与众不同。为此要设计出新游戏，最重要的是全力以赴地体现宴会的重要目的。这样，你的宴会将宛如新的"蓝海"一般，与其他的那些粗糙的宴会之间存在着天壤之别。参加者也会被你的宴会感动。

Tip 39 安排一些可以在最后进行胜负逆转的问题。

40 为什么 "Google 猜谜" 会让气氛高涨?

在参加人数特别多的宴会中，主办者能够照顾到的范围十分
有限。因此，游戏和表演这类节目就是让与会者 air time 最大化
的最好方式。而在分组猜谜对抗赛中，最能让气氛活跃的，绝对
是 "Google 猜谜" 游戏。

在 Google 之类的搜索引擎中，进行某个单词的搜索时，瞬
间会显示出一个数字表明有多少条与此相关的信息。这个数字越
大，就说明世界上有越多的人知道这个单词。活用这个原理，"在

Google 中输入某个单词，看它在世界中的认知度"的猜谜游戏可以将宴会气氛推向高潮。

例如，对 XX 啤酒的社员提出"输入竞争对手的'一番榨'会出现 XX 万条相关事项，那么输入'舒波乐酒'的话，会出现多少条？"这样的问题，一下子就会使气氛活跃起来。

这个问题的巧妙之处在于，涉及**"自己和竞争对手之间的关系问题"**。就像在看集体照时，人们第一眼去看的就是自己的脸，确认自己照得如何。之后，紧接着可能会去看自己讨厌的那个人或者是竞争对手的脸。也就是说，人们对自己对手的事情最感兴趣。猜谜也是同样的道理，选择有关"自己公司"和"竞争公司"的问题，最能引起大家的强烈兴趣。

另外，还可以问这个问题："将报纸对折几次可以达到富士山那么高？"答案是二十六次。在分组对抗猜谜的时候，问这个问题，会引发一个现象。那就是**一部分的男性会干劲十足地开始折报纸**。

这个"报纸"问题，满足了分组对抗猜谜对题面的一切要求。在这个过程中，不仅可以看到活跃的气氛，还可以学到在设计节目时所应该运用到的心理学。

为什么这个"报纸猜谜"会吸引到那么多人。因为这个猜谜利用到了一些人的心理活动。那就是他们想通过猜对问题向大家展现**"自己优秀的一面"**，也就是想**"让别人觉得自己很厉害"**的心理。

尽管重复了好多遍，但我还是要说"人都是渴望为他人所知的"。问题越难，人们想表现出"我很擅长这种问题，我很聪明"的欲望就越高。

相似的节目还有"品红酒大赛""品矿泉水大赛"以及"海螺小姐画像比赛"等。

品红酒大赛最能让中年大叔们燃烧起斗志。他们燃烧的理由不仅仅是因为"想为所在的小组做贡献"，他们更想通过品出红酒的味道让大家觉得他们是红酒通。也就是借品红酒为契机，而达到表现自己的目的。

同样，"品矿泉水大赛"会引起女性们"想被认为是能够鉴别矿泉水的女性"的强烈欲望。而关于海螺姑娘画像的比赛，当然就是能够让擅长画画的人跃跃欲试的游戏。

这种涉及自尊心和尊严的问题，最能点燃人们的斗志。喜欢红酒的大叔可能会拿出他们在这方面的渊博知识：

"嗯……丹宁味稍微有点重啊。这个呢，有些酸味……是勃艮第？不对……"

看到这样的情景，大家肯定都会忍不住想笑。如果喜欢红酒的大叔恰巧猜对了，那他在接下来的宴会中，一定能够很尽兴地度过。

这种能够满足自尊心的竞猜问题，一定会让回答者燃烧起斗志。利用这一点，还可以出一些让平时不太喜欢说话的人们开口的问题。例如，宴会中有一位平时不是很健谈的女性派遣社员，如果你事先了解到她曾经在巴厘岛待过很长一段时间，那么，你就可以出一道这样的问题："巴厘岛有一个很有名的、一晚上要一千美元的高级度假宾馆，叫作什么名字？"就在大家都纷纷摇头表示不知道的时候，她可能会说出正确答案："是不是阿曼其拉（Amankila）？"这时，周围人一定都会说"好厉害啊，你对巴厘岛很熟悉吗？""啊……我以前曾经在那里住过一段时间"。

如果你是主持人的话，你就应该马上接起这个话题"是啊，XX 小姐（那位女性社员）曾经在巴厘岛待过很久呢"。然后接着问"在那儿待了几年啊？"或者"读过语言学校吗？"之类的问题。这样，接下来就会达到让这位女性社员 air time 最大化的效果。

有关自己或者竞争对手的问题，最能刺激回答者的自尊心。在准备猜谜问题的时候，巧妙地加入这个要素，就可以设计出让与会者 air time 最大化的好题目。

通过设计能够让参加者产生兴趣的"好题目"，你会得到有关参加者的许多信息。而"参加者的信息"对宴会主办者来说，是一个无可替代的重要武器。

Tip 40 "听前奏猜歌曲"也是一个不限年龄的好游戏。

41 有外国人参加的宴会，一定要玩"乒乓嘭游戏"

如今这个国际化社会里，你不知道什么时候就会有外国客人参加自己主办的宴会。这时，最合适的游戏就是"乒乓嘭游戏"。尽管还有许多像"山手线接龙游戏""国王游戏"等小游戏，但是**在国际型派对中，没有一个游戏能比得过"乒乓嘭游戏"**。

"乒乓嘭游戏"的玩法是：最开始的人说了"乒"之后，按顺时针的顺序，也就是坐在他左边的人就接着说"乓"，然后下一个人就说"嘭"，这样每三个人说一次"乒""乓""嘭"的循环。

但是，需要注意的是，在第三个人说"嘭"的同时，要指向小组内的任意一个人，然后再以被指的这个人为起点说"乒"。

在游戏中，参加者可能会出现很多好笑的错误，例如，说错"乒乓嘭"的顺序、明明被指了应该说"乒"却说成了"嘭"、没有轮到自己说"嘭"却指了别人，等等。有人说错了的时候，就暂停结束一轮游戏，让输了的人接受一些简单的处罚。非常有趣。

我在哈佛商学院留学的时候，不仅在学习方面很努力，而且经常和本国的朋友们一起积极地召开家庭派对。我们想和来自各个国家的人们敞开心胸尽情畅聊，想与他们成为真正的朋友。正是这样的想法使得我在社交中如鱼得水，可以说我甚至成为了学校里出类拔萃的社交高手。在那些派对中，尤其是召开日本人对法国人的纪念性国家饮酒会的时候，一定会玩"乒乓嘭游戏"，而且这个游戏也一定会将气氛推向高潮。

为什么"乒乓嘭游戏"会在国际型宴会中拥有如此效果呢？原因有以下几个。

首先，这是一个简单明快的游戏。无论是谁都能够马上记住游戏的规则，而且没有知识面的限制。不像"山手线接龙游戏"，不知道东京"山手线"的站名就没办法继续玩。而**"乒乓嘭游戏"不需要参与者有共同的知识面。**

其次，就是紧张感。大家在玩"乒乓嘭游戏"的时候可能都已经喝了些酒，在这样的情况下，胜负基本一瞬间就能决定出来。能继续三轮的情况都是非常少的。一般也就五秒钟的程度。

而且，当说完"嘭"的人随便指下一个人的时候，下一个人要从"乒"开始，所以大家都**必须高度集中注意力**。而像"山手线接龙游戏"的节奏就比较缓慢，发言的顺序也是决定好的，因此，就不会产生紧张感。

　　在"乒乓嘭游戏"中，因为不知道什么时候会指到自己，所以紧张度会极高。光凭这个紧张感，"乒乓嘭游戏"就是一个极好的游戏。游戏中，参加者因为紧张，可能会出现一些非常简单的错误，从而引发大家的爆笑。在这笑声中，不会包含任何恶意，被笑的人也不会感到不舒服，大家所听到的都是好似回到童年般那种纯粹的笑声。

　　宴会游戏的目的在于破冰，相当于润滑油。而在选择游戏的时候，最好能够选择让"宴会弱者"也能愉快加入的游戏。

　　我体验过许多国家的宴会游戏，没有一个能胜得过"乒乓嘭游戏"。例如，我被邀请参加法国人举办的派对时，有一个关于香水的游戏，就是将纸片沾上香水的味道来让大家猜是什么香水。但是我这个不解风情的人，到最后也没能理解法国人的这个情调。还有英国人的派对游戏，在事前给每个人分派台词，派对当天让大家利用这些台词即兴地创造出一个小故事。这个游戏从头到尾都是一个英国绅士的游戏，但在我脑海中留下的却只有一个疑惑的问号。

　　在有语言障碍的外国人参加的派对中，"简单明快"又有"紧张感"的游戏最能活跃气氛。如果是家庭派对，还建议你们玩"黑胡子海盗"游戏（就是在木桶里有一个黑胡子的海盗，参加者其中一人拿短剑刺向木桶，被刺中的黑胡子海盗会突然从木桶中跳出来的游戏）。

Tip 41 与外国人初次见面，应避免谈论政治、宗教和
历史等话题。

42　职场宴会中绝对不能缺少 "肢体写字游戏"

　　曾经与我在众多宴会中一起并肩 "作战" 过的美女 "绫濑"，她将 "肢体写字游戏" 称作 "屁股写字游戏"。这个游戏可以作为猜谜游戏的一部分，也可以作为一个单独的节目拿出来。无论是以什么形式出现，它都具有惊人的威力，是宴会上的 "致命武器"。

　　"屁股写字游戏" 在有外国人参加的派对中也是个相当有效果的游戏。但是，它最为适用的还是职场派对。因为 **"屁股**

写字游戏"能够帮助参加者跨越怕出糗的心理障碍。

"屁股写字游戏"的玩法非常简单：准备一张白纸和一根粗的马克笔，在白纸上清晰地写出题目，而这个题目只能让负责表演的那个人看到。然后由表演者用屁股比画题目的文字让参加者猜是什么字。

表演者应该选择年轻的男性。年轻的男性用屁股比画着写字，会让"大妈"和"姐姐"们兴致盎然地参与到游戏中来（注意不要让后背或腰不好的人，还有女性来当表演者）。

另外，一定要组织"分组对抗赛"。如果独自看着一个人在使劲儿地用屁股比画着什么，会让人感到很无趣。但是，如果将大家分成小组，一起讨论，就会提升许多趣味感。

在"分组对抗赛"中，可以采取让所有小组共同竞猜一个人的表演，也可以让每个小组选出一个人作为表演者，让组内队员进行竞猜。

大家一起竞猜的情况下，题目一开始要简单（笔画少的字），途中要突然拿出"麒麟"或者"蝙蝠"这样用屁股绝对比画不出来的难题。当表演者表现出为难的表情时，气氛会更加热烈。要注意的是，出难字的题目时，最好与工作相关。可以让表演者说出类似"这个字和我们公司的商品有关"这种提示。这样，大家根据表演者的表演和提示就会热烈地进行讨论。

而在各组分别进行竞猜的情况，除了要竞猜的小组以外，所有人都可以看到题目的内容。在这种状态下，一下写出"蔷薇"

这样的难题，气氛会变得异常高涨。看到表演者为难的表情，小组内的成员会很困惑"诶？什么字啊？那么难吗？"当表演者使出浑身解数开始表演的时候，旁观者会在底下纷纷"指导"："不对啊，再向下划一点""屁股再撅起来一下"。这时的气氛会变得非常热烈。

在这个最强的"屁股写字游戏"里，表演者应该选择新加入组织的人，让大家帮助他们跨越怕出丑的心理障碍。

也许有人会觉得在大家面前摇晃着屁股，是一件很难为情的事。但是我认为，趁年轻的时候，**多出一些丑，多流一些汗未必不是一件好事**。宴会就是要遵循"出丑我先来"的规则，应该不断地去挑战那些出丑的表演。

这在工作中也是一样的道理。要干练利落，即使是别人认为很傻的问题也要勇敢地提出来，以主人翁的意识去努力挑战难题。当你以这种姿态出现在上司和客户面前时，一定会得到他们的信赖，并愿意与你共事。

无论是什么事情，当你勉勉强强试着去做的时候，你会发现其实也没那么无趣。**"在人们面前出丑"会增加你的胆量，而这胆量必定会增强你的自信心。**

只要努力地摇晃着屁股，就能引得大家发笑，还可以营造一个和谐热闹的氛围，而且表演者也能够成功地跨越怕出丑的心理障碍。前辈和上司会开玩笑地对你说"你的屁股不错啊"，在组织中你也会成为英雄一般的人物。对于"大妈"和"姐姐"们，你的表演也会使得她们心情极好。因此，可以说"屁股写字游戏"
是日本引以为傲的万能游戏。

Tip 42   **"双簧"** 也是不限国界的好游戏。

专题 4　招待外国人的时候，"野外烤肉"是提高社交能力的好方法

至今，我的许多外国朋友都来过日本。而我一定会带他们去的就是野外烤肉（以下略称为 BBQ）。

因为 BBQ 宴会比任何一个居酒屋宴会，更接近"解放灵魂的宴会"。

蓝天和新鲜的空气会给予我们独特的开放感，能够让我们重温童年的回忆。大自然的力量总是这么神奇。而且，在野外吃东

西会感觉比平时好吃几十倍，因此，烤出的肉类和海鲜都会好吃得想令人尖叫。

另外，大家一起进行烧烤还会增加参加者之间的亲密度。搭建炉子、生火、现场配料、分享食物，吃完后洗刷餐具、收拾垃圾。这一系列的行动都由主人和客人一同配合完成，必定会形成一个热闹的氛围。即使不擅长外语的人也可以利用身体语言进行沟通，从而增进彼此的感情。

只是，BBQ的主办者会非常辛苦。因为BBQ的一切准备都需要从零开始。设计菜品、购买食材、确保酒水、搬运所需器具，等等。场地方面也有许多难题。首先，必须找到适合烧烤的好地点。如果找到的场地人比较多的话，还要让一部分人提前去占领好位置，再留下一部分人等剩余的人员。而且，如果当天的天气阴晴不定时，还需要拿出足够的决断力。这些都不是简单的事情。

在携带物品方面也需要注意很多。蚊香、坐垫、纸巾，还有各种餐具、器皿以及点火用的道具，甚至还有木炭等燃料。这些都需要一一备齐。如果忘了其中的任何一个，都会破坏当天的好气氛。

如果在BBQ中能让气氛活跃，说明你的社交能力已经有了质的飞跃。当然，这种作战能力在工作中也必不可少。

BBQ宴会虽然很辛苦，却是增进感情的最好方式。如果你的外国朋友到访，请一定带他去BBQ。不仅会增进你们的友情，还会提高你的社交能力，这绝对是个一石二鸟的机会。

43 合理安排好换场地期间的 "空档期"

我们在夜晚繁华的大街上经常可以看见一些结束第一场聚会之后，热闹地讨论着"接下来去哪儿"的人们。但是，就在讨论的过程中，第一场宴会时那高涨的气氛可能会慢慢地冷却下来。在第一场宴会刚结束时，热闹的空气尚存，有些人可能会想"今天还想接着玩"，但是，就在犹豫去哪儿的过程中，大家可能会一个接一个地说："还是回去好了。"

第一场宴会与换场之间的时间是非常危险的，一般被称为"魔

鬼时间"。这是最考验宴会主办者能力的时刻。

首先，第一关就是"结账"。当然要在店方关门之前就早早地结好账。但是，如何向参加者收集费用？选择什么时机？这些都是问题。如果是每天都能见到的职场聚餐，我建议可以第二天再进行结算。也可以采用"会费制"，就是在聚餐之前，在公司里对每个人提前征集餐费。

如果是联谊会那种必须要当场收集费用的场合，必要情况下可以请别人来帮忙。最重要的是**千万不要拖泥带水**。要在电光火石间完成结账。

从宴会主场向其他场地移动的这个时间带最为忙碌，如果主办者加入比较复杂的事项，不仅会拖延全体的时间，并且会让大家无法专注于更重要的事情。越是在关键时刻，越不能做一些脱离宴会主题的事情，也不要制造多余的瓶颈，这是对宴会主办者最基本的要求。而且，**"不必亲自去做的事情，可以拜托他人帮忙"**，这点也是执行力方面的原则。要时常考虑如何有效率地利用人力来让事情进展得更加顺利。

另外，在接待客人的时候，要抓住饭局快要结束的时机，装作去洗手间的样子，去把账结了。不要让对方有"他是不是去结账了"的想法，这是一种"贴心"。如果有结账单的话，别忘了在结账前攥在手里，借口去洗手间，快速结完账之后回到座位。当饭局结束时，客人可能会问："怎么算？"这时，你只需微笑着含糊地回答"没事"就好。如果对方要求给你钱，你也要笑着说：

"不用啦，今天我来拿"。这既是一种"贴心"，也是将客人顺利引到下个场地的手段。

而且，饭局结束时，安排"赶人的人员"和"检查遗忘物品的人员"是非常必要的。宴会主办者要在主饭局结束之后，第一个到门口等待从里面走出的参加者们。所以要安排同事担任"殿军"，将参加者们都尽早地送出来，并在大家都出来之后检查一下是否有遗忘的物品。也就是说，"殿军"的任务就是高效率地确保参加者及随身物品的"集合"。

当所有参加者都出来之后，主宴会就算是结束了。此时，参加者当中一定会有没尽兴的人。但是，为了让想回家的人能够如愿地早点回家，也为了能明确地表明下个节目是"自由参加"的，主宴会结束的时候一定要迅速。

结束宴会的最好方式是"齐声拍手"。就是主办者说道："那么，就让我们为了 XX 先生（小姐）的幸福健康和 XX 部的进步发展而一起鼓掌结束这次宴会。"然后大声喊道"一二！"大家一起响亮地拍手鼓掌。最后主办者一边鼓掌一边感谢大家。

完成这个"仪式"可以让周围人对你有种"做事牢靠"的好印象。所以，**请一定要在宴会结束时做到干脆利落的"齐声拍手"**。

接下来要在最短的时间内前往换场的地点。身为一名主办者，**一定要在事前就主动预定好下个节目的场地**。虽然不知道会有多少人参加，但只要记住预定最大的房间就好。如果当晚在寻找场地方面浪费了不必要的时间，将会十分丢脸。因为，当时是没有时间可以让你悠然自得地找场地的。

主宴会当然会与下一个场地有一段的距离，在这种情况下，应该提前打印出所要前往场地的地图。但是，一定不能将地图发给大家让他们分别行动。这样会加大个别人脱离队伍的几率。换场时的原则是"集体行动"。要有效地借助同事和协办人的力量，让大家迅速地移动到下一个场地。

但是，不要忘记将地图发给那些有事耽搁会晚来的人。如果他们总是不停地打电话询问你地点，就会妨碍程序的正常进行。发给他们一张地图，你就会腾出很多时间。

前辈们经常对我说：**"商务工作就像演剧一样"**。当团队有什么活动的时候，每个人都要像"演员"一样扮演好自己的角色。大家根据事先安排的角色，按照写好的剧本顺利地进展着各项事务。而主办者要像导演一样，指挥大家完美地完成整个活动。

另外说一句，像年终聚餐那种繁忙季，大街上人很多的时候，一定很难拦到出租车，这个时候就需要提前有所准备。毕竟在寒冷的夜色中，让客户或上司和自己一起傻等，是一件不太礼貌的事。应该提前打电话预定好，或者是自己先跑到比较宽阔的马路上，拦到车的几率会大大地提高。等去接客户或上司的时候，不要忘记说一句："让您久等了"，这样一定会给对方留下好印象。

总之，换场时的"恶魔时间"全都是麻烦事儿。结账是最复杂的，之后向参加者收集费用的时候，也总是需要自己垫付一些零头。我曾经粗略地计算过，我踏入社会的这十五年间，在结账时垫付过的钱数大概达到了数十万日元。但是，**领导者的工作就是要争先做那些"别人都不喜欢做"的事情。**

我在哈佛商学院留学的时候，有一名日本同学叫作大介。他后来成立了"网络生命保险"，是个大名人。他虽然看起来是那种有些轻浮的人，但实际上他却能够做到主动去做那些"别人都不喜欢做"的事情。那次哈佛同学来到日本进行实地考察的旅行，因为大家都有意识地节省，所以最后事先集齐的钱就剩下了一些。于是，为了准确无误地将剩下的钱都返还给同学们，大介就主动要求并亲自做了一个非常复杂的消费明细以及退还金额表。

不要为了某些目的而只做一些显眼的事情。应该低调地积极地去做那些别人都不喜欢做的事情，这样别人对你的信赖感才会升高。在不被他人看见的地方努力工作，这在公司内外的评价要素中都占了很大的比例。

身为宴会的主办者，应该主动去做别人都不愿意去做的事情。对于那些勇于挑起苦差的人，一定会不断地有人站出来对他说"我来帮你吧""让我搭把手"。就在不知不觉间，他的周围就会形成一个庞大的"后援队"。

Tip 43　　吃完饭后，要对店家大声地道谢。

44　唱卡拉OK的时候要当最活跃的那个人

　　主办人在宴会结束后换场的时候非常忙碌，但当下一个活动节目是卡拉OK的时候，那就要求主办人的行动速度要更加迅速了。招呼大家的工作暂且可以先拜托其他的同事，自己要马上订包房。如果可以的话，能够派部下去订包房是最好的。

　　订好包房，**将房间号码告诉大家之后，自己就要立刻跑到包房。**因为卡拉OK的设备更新得很快，首先要确认设备的使用方法。如果在活动中不能顺利操作设备，就会让大家很扫兴。因此，必须要快速确认设备的功能。

之后，要确认菜单，尤其是酒水的品种。都有哪些饮料和鸡尾酒，这些都要记在脑子里。在女性参加者犹豫点什么之前，你就可以不看菜单地说："鸡尾酒有黑加仑和西柚口味的，也有不含酒精的饮料，要哪个？"这样就可以保证活动的流畅性。**如果第一杯酒水点得很慢，就会影响整个活动的节奏。因此一定要注意这点。**

还有，别忘了看一看小吃菜单。大家在主宴会的时候大概已经吃的很饱了。所以，在活动刚开始的时候，没有必要特意点小吃。等过一会儿大家唱累了，稍微点一些小吃还可以给大家增加一些能量。

当你做完这些准备工作之后，大家也差不多都进了包房，脱去外套，安顿下来了。和主宴会安排座位的方式不同，**在卡拉OK中，主办者只要将重要的人安排在沙发的最中间就好。**这样，无论其余的人坐在哪里，整个活动的气氛都会很活跃。

接下来，大家还没有坐好的时候，你就要点第一首歌了。在大家都感到"这么快就开始唱了？"的惊讶中，你要激情饱满地说："让我先抛砖引玉，为大家唱一首！"然后开唱。第一首请点那种比较有节奏的歌，最好是大家都会跟着唱的歌曲。

因为第一首歌，如果是谁都知道的歌曲，就会打下"不唱难歌，要唱大家都熟悉的歌"这个基调。如果你点的是一首很受欢迎的歌，会让平时不太擅长唱歌的人都觉得"也许我今天也能唱一首"。

而且那些专唱高难度歌曲的麦霸也会明白"啊，今天还是唱一些通俗的歌曲比较好"。

如果在点第一首歌的时候磨磨蹭蹭，那么整晚的气氛都很难高涨起来。因此，**必须快速地开始点歌**，达到进屋就开唱的效果。这样才能使活动的气氛热烈活跃起来。

其实，这与工作上谈计划是一样的。如果一个计划总是拖拖拉拉不停地在谈，那么这个计划多半会泡汤。当然，慎重考虑之后再做决定是非常正确的。但是，既然做了决定，就一定要行动，而且，一旦行动就要一气呵成。做什么事情都应该有一种向上的冲劲儿。

卡拉OK就如"风林火山"一般。要以"风"一样的速度来到场地，安静如"林"般快速地进行准备，当大家都进入包房之后，就要如"火苗"般点燃现场的气氛，再让那活跃的氛围如"大山"般屹立不倒。因此，不要忘记，去唱卡拉OK的时候，一定要第一个到达地点，进行一系列的准备之后，煽动起大家那如火箭喷发般的热情。

Tip 44 —— 为了不让大家在去洗手间回来的路上迷路，在开始的时候要大声地多喊几次房间号。

45 在 KTV 里，屁股不要黏在椅子上

　　人们在卡拉 OK 中感到最开心的事情，无疑是当自己唱歌时，周围的人都在认真地聆听。而且，更加能够让人高兴的是，自己选的歌曲，大家会一起跟着唱。

　　相反，如果在你唱歌的时候，谁都没有在听，都专注于别的事情。你会觉得好像只有在自己唱歌的时候，大家都在聊天，于是就会产生一种空虚感。

　　而主办者的任务就是"一起跟着唱"。至少有人在听，有人

在随着节奏跟着唱，唱歌的人就会感到开心。主办者就要做这个人。

通常，主办者应该选择荧屏侧边的位置，左边或者右边都可以，最好是离房间电话较近的地方，或者是靠门口的那边。因为如果离房间电话近，在酒水不够的情况下，可以立即打电话叫。离门口近是为了中途有退场的人，你可以马上看到，然后可以礼貌地将他送到电梯里，或者是如果谁喝多了，出门发生了意外的情况，你也可以及时应对。也就是说，主办人要做一个好的"守门员"。

除了"添饮料""送客人"和"应对特殊情况"的时间之外，主办者就应该站在荧屏边，一边敲打着铃鼓，一边随着唱歌的人一起合唱。人们在唱歌的时候，只要看见旁边有人跟着自己一起唱，就会放松许多。而且，**有人跟着一起唱，会提高自己被关注的程度，同时就扩大了唱歌人的 air time**。

有跟着一起唱的人，不仅会让唱歌的人感到心情愉悦，而且会使在场人的注意力都集中到这首歌曲上面。在大家都跟着唱的过程中，慢慢地就会形成一个共同享受歌曲的氛围。这样就培育出"大家一起唱"的整体感。随着大家纷纷起身跳舞，卡拉 OK 就会变成大家的终极晚餐秀。

可能有人会感到惊讶："难道要一直站着跟着唱吗？"以我十五年的经验来谈，在卡拉 OK 中，我几乎没有坐着的时候。"我知道的歌曲很少"根本就成为不了坐着不动的理由。因为即使是不知道的歌曲，也可以看着画面跟着唱几句。

但是，有一点需要注意，那就是要时刻记住：主角始终是唱歌的人。所以主办者一定不要跟着唱得声音过大，也不要脱离主旋律。毕竟让气氛热烈才是你的主要任务。特别是当对方唱的是慢拍子的抒情歌曲时，铃鼓要慢慢地打，跟唱的声音也要小。但是嘴型一定要大，要让对方看出你在跟着一起唱。

人们都是这样，如果自己唱歌时有人跟着唱，那当那个人唱歌的时候，自己也会报恩似的跟着他唱。也就是说，当轮到一直在旁边跟着所有人唱的主办者时，那可就不得了了。大家一定都会跟着你唱。

这样，**当你唱歌的时候，大家会非常狂热，甚至会变成大合唱。**当然，你自己的心情也会十分愉快。这样一来，大家有了大合唱的机会，气氛就会一下子高涨起来。于是，接下来的每首曲子，大家可能都会起身跟着唱。

工作中也是一样，作为一名领导者，关键在于"以身作则"。

我在哈佛商学院的时候，认识一名叫作卡尔的橄榄球队主将。他是一个非常优秀的人。身为英国人的他在牛津大学时曾担任大学橄榄球代表队的队长。他在精英云集的同校橄榄队里，以"以身作则"的风范，强有力地使得大家都主动地向他靠拢。

比赛中，卡尔即使手指骨折了，也只是用绷带缠一下之后便若无其事地又投入到激烈的比赛中。他这"激昂的斗志"与"任劳任怨"的精神，感染着整支球队。

宴会也是如此。主办者能够做到全程站在参加者的身边随声附和卡拉OK，气氛想不热烈都难。所以，请你保持昂扬的斗志，引领大家冲向卡拉OK吧。

Tip 45 给女生们点一些甜品，会让她们觉得很惊喜。

46　要多唱大家都会唱的歌曲

　　在卡拉OK的包房中，肯定会有一边认真地看着歌本一边在想"下一首唱什么好呢"的人存在。这种烦恼本身就是唱卡拉OK的一大乐趣，所以，就尽管让参加者们烦恼吧。

　　但是，作为主办者可没有烦恼的时间，要经常站在荧屏的旁边跟着唱歌的人随声附和，还要时刻看着大家的酒杯是空是满，送中途退场的人是否到电梯口，还要鼓励不怎么唱歌的人选曲子，任务繁多。因此，主办者根本就没有犹豫选哪首歌曲的时间。所以，**自己一定要事先准备好三五首拿手歌曲。**

在准备歌曲的时候，注意要选那些大家都会唱的歌。像前些年红极一时的经典歌曲或者是最近流行的广告曲，还有动漫歌曲都可以。总之，就是要选那种一放前奏大家就会说："这首歌啊，我会唱"，然后能够跟着你一起唱的歌。

而且，如果可以的话，最好选一两首快节奏的歌。像《二亿四千万的眼睛》和《假面舞会》之类的歌曲就可以。当你唱这类歌曲的时候，大家一定会情绪高涨，起身与你合唱。所以，请准备几首这样的歌，在适当的时候拿出来，会让气氛更加热烈。

这与考虑商品开发时应用的"市场导向（Market in）"和"产品推出（Product out）"原则是一个道理。简单地说，"市场导向（Market in）"就是以"市场需求"为基点。

生产商品的原则。而相对的"产品推出（Product out）"，是站在公司的立场上，优先以"我们公司能生产出这种东西"为生产原则。

而主办者在卡拉OK中选歌曲的时候，完全应该基于"市场导向（Market in）"的原则出发。

必须将"我能唱高难度的歌曲"、"我喜欢外国歌"或者"我擅长慢歌"等这种"产品推出（Product out）"式想法统统抛到脑后。要以"现在大家应该想听这样的歌"为出发点，根据现场（相当于市场）的气氛选择歌曲。在这种思路下，我们自然就会产生要唱"大家都熟悉的歌曲"的想法。那种自己特别想唱的歌曲，留着和好友们在一起的时候再唱吧。

还有一点很重要，那就是**利用自己唱歌的机会邀请"不怎么唱歌的人"和你合唱**。

在卡拉 OK 里，一定会有因为觉得自己不擅长唱歌，最后一首歌都没唱就回去的人。对于这样的人，如果你只将歌本递给他说"一定要唱啊"的话，他是绝对不可能开口唱歌的。

如果遇到这种"不擅长唱卡拉 OK"的人，你可以装作想稍微休息一下的样子坐到他旁边。然后，和他一起看着歌本说："咱们一起合唱首什么歌吧。"千万不要单纯地在那儿看歌本。你可以一边看歌本一边问对方："咱们唱中森明叶的歌还是岚的歌？或者是《甜心战士（cutie honey）》？"之类的问题，这样才会成功地选出歌曲。而且，不要忘记，如果可以的话，一定要选一首大家耳熟能详的歌。

当你们一起开唱的时候，人们会注意到这个平时不怎么唱歌的人鼓起勇气在唱歌，于是大家一定会为他加油，并开口一起合唱。受到鼓舞之后他一定会积极融入到当晚的氛围中。

以我的经验来谈，无论是多么不擅长唱卡拉 OK 的人，既然他已经来到了卡拉 OK 的包房，就一定有"想唱歌"的想法，只是在等待着一个"不得不唱"的契机。而给予他们这个契机让他们变身为"歌王""歌后"的就应该是你这个主办者。

Tip 46 —— 对待错过最后一班电车的女性参加者，即使不顺路也要乘出租车送她们回家。

47　第二天早晨诚恳地向大家道谢

　　我在备考哈佛商学院的时候，曾去拜访过那里的毕业生，打听学校里都是一些什么样的人，"清高的人""思想深邃的人""具有潜在领导力的人"……大家给我的答案各种各样。但是，不可思议的是，他们的回答中都一个共同的词语，那就是"谦虚的人（Humble）"。

　　说实话，我原以为哈佛商学院里面都是"聪明""能干""具有领导力"的人，没想到，他们竟然还有一个共同点是"谦虚"。

后来,当我开始在哈佛商学院学习的时候,才明白其实"谦虚"就是"清楚自己的身份",知道自己的极限,弥补自己不足的地方。当有人或者是有机会帮你弥补缺陷时,你要真心实意地表示感谢。也就是说,应该对支持自己的人和事心怀感恩。

对于宴会的主办者来说,宴会及之后活动结束并不代表着自己任务的完成。而第二天向"主宾"等全体参加者表示由衷的感谢,才是最后一项工作。

因为,无论多么厉害的主办人,如果缺少了周围人的支持,也不会办成可以让参加者脱掉"内心底裤"的宴会。所有关于宴会的计划都不是一个人可以运行的,如果忘记感谢那些支持你的计划、积极行动的人们,那么你也不会再有多大的成就。所以,一定不要忘记,在第二天早晨,向大家表示诚挚的感谢。

首先,**一定要利用"一大早"这个时机**。无论你是宿醉还是通宵喝到天亮,都要在工作开始前向大家道谢。对道谢这件事情来说,时机很关键。要掌握**"尽可能早"**的这个原则。如果要用写信的方式表达感谢,那一定要用特快专递。

尤其是对地位比较高的人,或者是尽力帮助过你的人,只要是走着能到的距离,哪怕是在不同的办公大楼、不同的办公层,也一定要亲自当面道谢。这样,对方更容易看到你的诚恳,也会因此而感到欣慰。

用发邮件的形式道谢就没有当面道谢的好处多,当面道谢的话,可以继续延展出许多别的话题,还有可能就此约定下一次宴会。因此，可以的话，请一定要当面致谢。如果实在是不方便直接见面的话，那也可以发邮件。但是，**一定要让对方在打开电脑的第一时间就看到你的邮件**。总之，记住利用"一大早"这个时机，"尽可能地当面致谢"。

以谦虚的态度示人，当你担任宴会主办者时，周围的人都会给予你最大的支持。并且，大家都会很期待你当主办人的宴会。

其实，无论工作，还是宴会，都要知道自己的极限，要懂得去感谢支持你帮助你的人。这种态度，是助你成长的驱动器。

Tip 47 —— "道歉的话"也要在一大早当面说，这是作为一名社会人的常识。

48 为我们愉快的一天干杯

最成功的宴会就是主办者从心底感到开心的宴会。

不知道大家有没有过招待客户的经历。也许有人认为招待就是：去高级的饭店点一些美味的饭菜和酒水，然后紧接着换场的时候再去一些高级的俱乐部享受时光。其实，这种招待，并不能让对方感到真正的快乐，反而会让他们感觉很累。

因为，大家平日里都很繁忙。一旦有闲暇时间都会想休息一下。但是还要被邀请接受招待，为了不辜负对方的盛情，接受招待也成为了工作的一部分。

对于这种招待，**被招待的人最怕的就是对方展开"专业招待模式"，全程充满了拍马屁、奉承与谄媚。**说实话，对于那些言不由衷的阿谀奉承，光听都会觉得很累。在这种一点都不自然的氛围中，简直让人感到不舒服。

那么，什么样的招待才不会让对方感到痛苦呢？应该是能让主办者也感到很愉悦的招待。**也就是不把接待当作例行公事，而是真正地享受招待的这个过程。**你的这种积极的心情，被接待的那一方肯定也会感受到。比起被当作"客户"，他们也许更希望你把他当作一名朋友来对待。

宴会的道理和这完全相同。如果主办者自身很紧张，为了想暖场的办法，弄得愁眉不展，或者是过分地阿谀奉承……那么宴会就会给人一种"故意营造出来"的感觉。因而，参加者们也无法愉快地享受。

主办者要从心底享受宴会，让大家都听到你爽朗的笑声，而且你还要大口吃菜、大口喝酒，尽情地与大家进行对话。这样的宴会才是最棒的宴会，作为主办者一定要当"快乐先锋队"率先进入状态。

但是，主办者面对的也不光是开心的事情。有时，可能会遇到意想不到的抱怨，可能你费尽苦心准备的策划却得不到那些挑剔女性的认可。总之，偶尔也会碰到一些让你感到身心俱疲的事情。

尽管如此，你还是应该尝试一下主办者这个角色。以"让宴会气氛高涨，帮助'宴会弱者'适应环境，让参加者精神百倍，建立起新的人际关系"为目标，主动发挥领导力，切实实行宴会计划。这些都是一种无法替代的锻炼。

　　在每天纷杂忙碌的生活中，宴会主办者这个角色很容易被人当成是一项"工作"或者"杂务"。其实，你应该将这次机会看作一次挑战，一个非常好的考验。

　　在大家一起喝第一杯酒的时候，要感谢这一瞬间，细细品味这美好的时刻。

　　这一瞬间，应该怀着在浩瀚人海中能够与大家相遇的感谢之情，举杯同饮。

　　工作中也是如此。**珍惜在每一个瞬间相遇的人，必定会认真对待每一项工作。而且，这样的人不仅会用心准备每一项任务，当遇到各种偶然机会的同时，还会懂得感恩。**这样的人怎么会不让周围的人喜欢呢？

　　这对人生也有着直接的影响。

　　在我的高中时代，对人生有着很多不解的时候，当时的班主任是位和尚，叫作鹈饲先生。他教给我一句话"天上天下唯我独尊"。

　　这个看似暴走族特攻服上写的口号，可能会让人觉得这是种不负责任的想法。但其实，我从这句话中学到的道理是："不重视自己的人，也不会重视他人。"我当时听到这句话之后，一下子就感觉轻松了许多。

不懂得如何让自己开心的人，也不会让别人开心。

让我们从心底感谢宴会主办者这个角色，尽情享受吧。

Tip 48 ── 不忘笑容、怀着一颗感恩的心，幸运就会来到你身边。

结语　获利越好的公司，越会认真举办活动和宴会

最近的日本，似乎没有什么生气，经济也显得很疲软。

我认为职场人际关系的淡薄化也是造成这一现象的一个重要原因。越来越多的年轻员工觉得和大叔们喝酒很没意思。而有些大叔们，也觉得不如和同龄人喝酒有趣。因此，公司内的酒会渐渐地就被人们轻视了。

日本著名经营学者野中郁次郎老师和哈佛商学院的日籍教授竹内弘高老师对职场的这一现象很重视。他们聚焦于**"场所"**这个概念。所谓"场所"，就是来自各种各样组织的人们可以坦率地进行对话的场合。在两位老师的共同著作《知识创造企业》中，介绍了本田公司的研发计划部"脱离职场，在温泉酒店等场所，一边喝着酒、吃着饭或者泡着温泉，一边讨论复杂议题"的解决问题方式。并且还介绍了其他企业的相同例子。同时说明这种方式**"不仅是一个创造性的场所，而且是建立共同体验、相互信赖的一个媒介"**。

两位老师认为，"场所"就是能够给予人们自由谈论的机会，并以此为基础创造出具有价值的新东西。因此，有计划并且积极地创造出这种机会，是非常有必要的。

毋庸置疑，宴会就属于这"场所"中的一个。我因工作关系曾观摩过各种各样的公司和组织，那些实力强大，能够创造出巨大利益的公司，在公司宴会等方面也绝对不含糊。

因此，我认为，正因为在现在的这种社会背景下，更应该在职场内多多举办宴会，增加可以让年轻员工与老员工一起轻松交流的时间。宴会绝对是可以加深彼此信赖关系的有效途径，而且一定会创造出某些具有重要价值的东西。

　　其实，宴会社交能力是日本人的强项。古往今来，在这么多的国家里，像日本这样经常举行各种活动，并且极为认真对待的民族没有几个。赏花、赏月……以各种理由聚集在一起畅饮谈笑。我在哈佛商学院读书的时候，曾有一名来自意大利的同学，众所周知意大利是个非常崇尚人性的国度，他都来请求日本团队为他举办结婚宴会。连宴会高手的意大利人都认可日本的宴会能力。

　　"宴会"具有强大的力量，我认为宴会甚至可以改变一个人的人生。而且，我确信，一名优秀的主办者可以通过宴会改变他人。

　　相信随着宴会中创造出来的各种新价值，组织自身也会变得充满生机，从而快速地成长起来。因此，我强烈地希望在如今的这个社会里，日本的宴会能力能够最大限度地爆发出来。

　　最后，我要向从零开始指导我的 I 前辈、从我进公司就给予我锻炼机会的 S 前辈、彻底教会我社交宴会的"东京夜晚怪物君"等各位前辈，以及和我在各种宴会中并肩作战的同事及部下，还有和我一起创造传奇的八名哈佛商学院的日本同学们……表示衷心的感谢。

　　在收笔之际，我还要感谢信赖我的"社交宴会"，并鼓励我写下这本书、给予我巨大勇气的编辑——三轮谦郎先生。